U0920185

红色记忆® 9

水上游击建奇功

海南省文化交流促进会 编

南海出版公司
2011 · 海口

序

对历史无知的人，没有真正的信仰可言；没有信仰的人，不可能拥有美好的理想，不可能胸怀崇高的情感，也就不可能担负起任何责任。用欲望文化代替历史教育，足以使一个国家的青年被腐蚀、使一个民族的希望被毁掉，使这个国家和民族被永世万代地奴役！

鉴于此，我们呼唤历史，唤回那段属于二十世纪的“红色”历史，唤回那段炮火硝烟、颠沛流离的历史，唤回那冲天的狼烟留下的悲壮回忆、岁月年轮沉淀的斑驳痕迹。历史不应该被忽略，更不应该被遗忘，牢记那段革命战争年代的红色历史更是责任。为了那些不应该被忘却的记忆，为了那些不应该被丢弃的信念，于是就有了这套《红色记忆》丛书。

曾记否，当草鞋与意志丈量出来的两万五千里穿越一个伟大民族五千年的荣辱兴衰，革命的火种被一路播撒、一路点燃。人迹罕至的雪山、荒无人烟的草地被鲜血浸透，衬映出一段光辉的里程；万水千山早已被远远地抛在身后，一轮红日在黄土高原磅礴而起。满目疮痍的河山在1936年10月温暖如春……

曾记否，当生命和鲜血浸染的十几年光阴将一种记忆铭刻进一个伟大民族的历史画卷，革命的火焰从星火到燎原。这栏杆拍遍、易水悲歌般的呼号，这折戟沉沙、慷慨赴义的悲壮，这铁马冰河、枕戈待旦的苦战，这红旗漫卷、所向披靡的豪迈……腔腔热血、铮铮铁骨早已被熔铸成一座不朽的丰碑，中华民族从苦难中百死后生的壮丽诗史凝结成了五星闪耀的红色记忆。

曾记否，中华人民共和国成立以来，又有无数英烈接过前辈用鲜血染红的旗帜，或壮怀激烈戍边卫国，或忠于职守鞠躬尽瘁，或绝甘分少奉献大爱，甘做国家强盛、人民富裕的铺路石，成为和平年代民族复兴的荣光，把人民心中的红色记忆浸染得分外鲜艳，永不褪色。

这红色记忆，是信念不衰、志向不改的崇高气节；这红色记忆，是无私无我、生属苍生的博大胸怀；这红色记忆，是敢为人先、披荆斩棘的拓荒精神；这红色记忆，是中华民族最宝贵的精神财富。它告诫我们，人事有代谢，传承无绝期。缅怀先烈精神，继承先烈遗志，是社会的道德和民族的良心，是后来者须臾不可忘怀的本分。

老一代人把历史的真实交付给我们，我们有责任用真实还原历史，传承给下一代，把那段岁月与现在年轻人的生活连接到一起，使他们眼中的历史变得立体、真实、可靠，让历史成为他们前进的动力。本丛书将那些流动的、随时会飘散在时间天际的事件凝固下来，希望透过这些文字、图片，感受到英雄们那坚定的革命信念，感受到那个年代澎湃的革命激情，真切体会那段“红色历史”。

忘记历史，就意味着背叛。让我们重温历史，缅怀先烈，从中汲取力量，毅然前行。

刘栋

目录

CONTENT

思念不尽　精神常在

——怀念深深爱戴的周恩来同志

文 / 马文瑞

人们往往有这样的体验：一个深受自己爱戴的人，离开越久，思念越深。周恩来同志离开我们10多年了，但他留在我脑子里的形象，不仅没有泯灭，反而更加鲜明了。

一

我第一次见到周恩来同志，是在1935年冬天。当时他是中共中央主要负责人之一，担负着军委副主席职务，经过艰苦的二万五千里长征，刚刚到达陕北。在中央红军长征到达陕北以前，陕北根据地内部发生了“左”倾错误，1935年9月下旬新成立的陕甘晋省委开始了错误的肃反，我和刘志丹等同志一起被捉起来，关在瓦窑堡的监狱里，据说已经准备进一步处理我们。我出狱后，住在西北保卫局。过了两三天，忽然接到通知，说周副主席要找我谈话，这意外的消息使我激动不已。

在一孔简陋的窑洞里，我见到了周

恩来同志。他剃着光头，最引人注目的，是那把又黑又长的胡子，乍一见，使人想起“美髯公”的称号。他亲切地招呼我坐下，让我谈情况。这时我注意到他面容消瘦，眼睛里布满血丝。显然，长征途中长时间的艰苦跋涉，加上到陕北后事务繁多，没有时间休整，实在是太疲劳了。谈话中，为了克服困倦，他不断用手在头上捏，振作精神听下去。最后他讲了话，态度和蔼而恳切，主要意思是：肃反搞错了，使不少同志蒙受冤屈。你们是好同志，为创造陕北、陕甘苏区和建立红军，做出了很大贡献。中央到陕北后，肃反的错误已得到纠正，希望你能正确对待这一问题。接着又亲切地询问：“对今后的工作有什么考虑？”我听了他一席话，心里热乎乎的。我感到党中央对我们是了解的，党对我们是信任的，一肚子委屈顿时冰释了。我激动地表示：“服从组织决定，请组织安排吧。”尽管我希望这次难得的交谈更长些，但怕的是这样会占用了恩来同志的时间，最后，我紧紧地握了握他的手，告辞了。不久，我到陕北省委担任了秘书长的工作。

全国政协原副主席马文瑞

周恩来同志亲切、坦诚的谈话，那种不怕劳累、忘我工作的精神，给我留下了深刻的印象。

二

1954 年，我被任命为国家劳动部部长，在周恩来同志的直接领导下工作，从此与他的接触就更多了。虽然平时就有副总理分管劳动部的工作，但是周恩来同志对计划劳动工资的工作，始终亲自过问，抓得很紧。1956 年全国统一的工资改革，就是在他的亲自领导下进行的。当年 4 月，他在劳动部召开的全国

抗日战争时期的周恩来

工资会议上作了报告。1957年9月在八届三中全会上，他讲了劳动工资和劳动福利问题。他曾召集我们开过多次会议，做了大量工作。这一段时间，是我同他接触最频繁的时期之一。这里谈几件小事，虽然都很平常，但仍可见他感人风范的某些侧面，于细微处见精神。

一次，国务院召开全体会议，最后审议通过工资改革方案。会议从晚上8点开始，一直到半夜12点，其间休息了一会后又继续开会。有些年龄大的部长实在疲倦了，可还有些人要发表意见。周总理看到这种情况，站起来说："请六十岁以上的部长同志退场，还有意见的可继续发言。"谢觉哉、叶季壮、蒋光鼐、梁希、傅作义等一批老部长退席了。他和其他同志一起，一直坚持到将方案审议完毕。同志们劝他说："总理年龄大了，也要注意休息啊。"他笑着回答："我身体好，一天睡四五个钟头就可以了。"

还有一次，我准备了一个文件稿，请周总理审批。他对文件的要求向来是严格的，经他审阅的文件，往往要写满他改动的手迹，连一个标点符号错了都不放过。这次由于我只注意了文件的内容和文字，对里面的数字没有仔细审核。有一个数字错了，他发现后，严肃地批评说："你怎么不注重数字？数字错了，文件怎么拿出去？"从此，我对文件的要求也比以前严格，审核也更加细致了。

为了调动工人的生产积极性，当时我们有一项"完成和超额完成任务奖"。周总理知道了，专门打电话给我说："超额完成任务，奖励是合理的。完成任务怎么能得奖呢？难道我当总理，你当部长，完成任务就该发奖？"他认为不应该降低奖励的标准，不要把奖发得过多

过滥，主张奖真正应该得奖的人，使奖励起到激励群众的作用。

那时周恩来同志常在西花厅办公室召开小型会议，有时会开得长，他就留我们在他家吃饭，有一回吃芝麻饼，饼烤得又酥又脆，我吃的时候，芝麻掉到桌上不少。他看见了，含笑说："文瑞，你怎么掉下那么多芝麻？"提醒我应处处注意节约。

这几件事虽小，却常常让我回想起来，好像就发生在昨天。

三

我同周总理接触较多的另一个时期，是三年困难时期。由于1958年"大跃进"的破坏性影响，到1959年下半年，我国开始进入三年困难时期。当时粮食紧张，肉类更是极其匮乏，人们严重营养不良，许多人得了浮肿病。为了克服困难，1960年9月底，中央提出了对国民经济实行"调整、巩固、充实、提高"的方针。而调整中包括一个重要措施，就是精减员工。在"大跃进"期间，许多单位盲目招收工人，职工人数比1957年膨胀了许多，不少是合同工和临时工。起初准备精减一千万，周总理问我："精减一千万可不可以？"我说："只要中央下决心，我看可以。"到1962年，中央提出再精减一千万，周总理又征求我

的意见。我感到这次难度要大得多，需要大量精减固定工（包括一部分技术工人）。为了减少企业技术骨干的流失，我提出“尽量不减三级以上的技术工人”，得到他的赞同。中央成立了精减领导小组，杨尚昆同志任组长，主持这项大事，我是领导小组成员。精减领导小组直接在周总理的领导下进行工作。整整三年，我的主要精力放在精减工作上。两次精减，连职工带家属，再加上部分其他城镇居民，共减少城镇人口两千多万,一年要节约货币工资几十亿元，节约商品粮几十亿斤，这对我国顺利度过三年暂时困难，恢复经济，起了重要作用。从工作角度看，精减是成功的。但应该说，这项措施是不得已而为之，我国人民为此作出了巨大的牺牲。周总理是深深理解这一点的，他曾感慨地说：“两千多万人，等于东欧两个国家搬了家。但不这样做又怎么办！”

在当时极其困难的条件下，周恩来同志为安排好被精减职工的生活，煞费苦心，尽了自己最大的力量。这可以从他亲笔修改的关于精减的文件草稿中看出来。在1962年《中共中央、国务院关于进一步精减职工和减少城镇人口的决定（草稿）》中，有这样一段话：“对被减人员一定要负责到底，采取多种多样的办法予以安置，务使其各得其所。”在这段话前面，他亲笔加上了“党政领导机关”几个字。寥寥数字，就点明和强调了主要领导机关应负的责任。在文件草稿中提到精减职工的安置办法时，他又加了如下一段话：“对于一切精减下来的职工，都要采取各种补助和帮助的办法，妥善安置，务使他们能够逐步习惯于新的生活。对于中央、省、市、自治区和省辖市、专区直属的企业、事业单位、机关、学校减下来的职工，在没有安置好前，在一定时期内，将发一定比例的工资，供应必需的口粮，以维持其生活。县和县以下的各单位裁减下来的职工，不实行这种办法，而采用发给生产补助费或退职金，并带一定数量粮票的办法，以便及时下乡参加生产或做其他处理。”后来正式文件就是按周恩来同志的修改稿发的。在他的关怀和督促下，两千多万人基本上都得到了妥善安置，没有发生大的问题。

周恩来同志优良的工作作风，他关心人民，爱护人民，对人民高度负责的精神，使他在人民群众中享有崇高的威望，受到亿万人民的尊重和爱戴。

当我写这篇短文的时候，他那和蔼亲切的面容，仿佛又出现在我的面前。他平易感人的形象，成为不泯的记忆，永远留在我的心里。

扬威华南抗日战场的华侨将军曾生

文/严奉利

曾生（1910—1995年），原名曾振声，广东惠阳（今宝安）人。1936年加入中国共产党。1938年10月，任中共惠（阳）宝（安）工委书记，领导组建惠宝人民抗日游击队，组织抗日自卫队，发展人民抗日武装力量，建立抗日根据地，坚决贯彻执行党的抗日民族统一战线的政策，争取海外华侨、港澳同胞和各阶层爱国人士的同情和支持，开展人民战争。1941年太平洋战争爆发后，曾组织护送撤离香港的著名民主人士、文化界人士和国际友人至后方安全地区。抗日战争中，他为创建华南抗日根据地、发展壮大华南抗日武装作出了卓著贡献。1955年被授予少将军衔。

在监狱里知道“共产党”

曾生，原名曾振声，父亲是澳大利亚的华侨工人，母亲则是一位善良、纯朴的农村妇女。1923年，十三岁的曾生离开故乡，随父亲去悉尼半工半读。曾生从悉尼的商业学院毕业后，考虑到商业不能救中国，加上父亲想回家乡安度晚年，于是他便放弃商业学习随父亲回国。

1929年9月，曾生考入中山大学附中，在黄明堂办的学旅寄宿。但就在当年秋天，两广军阀混战，张发奎联合广西军阀李宗仁、白崇禧，进攻军阀陈济棠控制的广东。房东黄明堂是张发奎的部属，他秘密联络了一些人，策划推翻陈济棠的统治。陈济

战争年代的曾生

棠很是不容，亲自带人去抄黄明堂的家，把曾生等一批在黄明堂学旅寄宿的同学抓走，投进了监狱。

在监狱的墙上，曾生看到许多共产党人写的革命标语、口号和诗词，如"人生自古谁无死，留取丹心照汗青"、"共产主义一定要在中国实现！"、"中国共产党万岁！"等等。他这才知道世界上还有这样一个为国家民族的独立和解放而奋斗的党存在。他开始认识到中国的未来只能寄希望于中国共产党。此次，曾生对共产党产生了好感和信仰。出狱后，曾生就留心打听有关共产党的消息，注意阅读共产党的宣传品和进步书刊，拥护中国共产党提出的政治主张。

在广州参加"一二·九"运动

"一二·九"运动时，曾生担任广州市学生抗敌联合会主席，带领学生、市民二万余人游行示威。当游行队伍到省教育厅请愿时，省教育厅不见人影，同学们一怒之下，捣毁了压制学生抗日救亡运动的教育厅。有的同学拆下了广东省教育厅的牌子，当作战利品扛回了中山大学操场。这是由中山大学学生发起组织的广州"一二·九"抗日示威大游行，影响甚大。直到1949年，曾生第一次见到毛泽东，毛泽东还对他说："你们打了不准抗日的教育厅，打得好！"

但因为此事，"南天王"陈济棠大为震怒，下令通缉，中山大学也停止了曾生的学籍。曾生一个晚上要换几个宿舍睡觉，后来只得在中山大学中青支部的帮助下，跑到香港避风头。他在"日本皇后号"邮轮上当听电铃的"走钟仔"，照顾旅客洗澡，筹办"余闲乐社"，组织爱国海员，宣传抗日，募捐钱物。

1936年9月，中山大学中青支部通知曾生，陈济棠垮台了，对他的通缉令也解除了，要曾生尽快回校复学，并解决入党问题。

回家乡参加抗日战争

1938年10月12日，日军在惠阳大亚湾登陆，大举入侵华南，发起惠广战役。13日，八路军香港办事处廖承志根据中共中央的指示，在香港土瓜湾召集中共香港海员工委书记曾生和中共香港市委书记吴有恒等同志，商议开展东江敌后抗日游击战争，开辟东江抗日根据地。10月24日，二十八岁的曾生与香港市委的周伯明等人一起，赶回坪山，开始组织中共惠宝工委、组织抗日游击队的活动。

1938年11月间，日军经淡水向坪山进犯，国民党军独立第二十旅从淡水退到碧岭。曾生带领部队从坪山出发，准备在碧岭阻击日军。在行进途中，曾生部队与周伯明部队会合。曾生带领非武装人员在防线后面隐蔽，周伯明则带

曾生夫妇

领二十多名战士在碧岭山脚一条战壕里散开布防。当时，在战士们的前面是一片开阔地，再过去则是一座山头。日军完全没有想到我军会在开阔地上布阵，当战士们的子弹从战壕里一排排射出时，日军一下子乱了阵脚。由于不知我方虚实，日军也不敢贸然挺进，只是在对面山头向着碧岭方向开炮。这时，国民党军陆续撤退，往盐田、沙头角方向逃跑。而曾生部队则在此坚持到傍晚，为了保存实力，才撤出了战斗。三天后，曾生部队在沙头角从地下党和群众手里获得了一些国民党军逃跑时弃下的枪支弹药，经过盐田、梅沙到马峦头村，枪毙了一个汉奸，然后向周田前进。

1938 年 12 月 2 日，惠宝人民抗日游击总队成立，曾生任总队长，周伯明任政治委员。曾生也将部队开到坪山，还专门成立了特务队。

回到坪山不久，中共东南特委把叶挺指挥部特务营一百多人从深圳调回坪山，这样，曾生的队伍迅速发展到三百多人，一下就成立了第一中队和第二中队及政工队。1939 年 4 月，在保持部队独立性的原则下，曾生部队取得了国民党的合法番号：第四战区第三游击纵队新编大队，曾生任大队长。这以后，曾生指挥部队连续打了黄潭、杨西等战斗，巩固了大岭山根据地。

1940 年 8 月，曾生任广东人民抗日游击队第三大队大队长，率部开进东莞的大岭山区建立抗日根据地。1941 年 6 月 10 日，驻广东东莞的日伪军六百余人，利用暗夜袭击县城东南约二十公里处的大岭山抗日根据地中心区百花洞村，企图消灭广东人民抗日游击队第三大队。大队长曾生获悉日伪军企图后，率领三个中队二百余人及自卫队近一千人，占领百花洞村周围高地。11 日拂晓，日伪军进至百花洞村，遭游击队突然打击，仓皇占领村东北高地顽抗。第三大队第二、第三中队在自卫队配合下，迂回至百花洞村以西大环一带山地，切断日伪军退路，形成包围。同时，第一中队向被包围的日伪军发起攻击。战至 15 时许，日伪军两次施放烟幕掩护突围，均被击退。入夜，日伪军原地固守待援。游击队派出小分队不断袭扰、杀伤日伪军。12 日，日军以飞机支援，空投粮弹，并由广州、石龙出动日伪军一千余人增援。第三大队及自卫队主动撤出战斗。此次战斗，击毙日军长濑大队长等五十余人。广州日军首脑哀叹：“这是进攻华南以来最丢脸的一仗。”

营救在港文化名人

1938 年，曾生率领在香港组成的六十多人的队伍回到惠阳，抵抗进犯家乡的日军，组织惠宝人民抗日游击总队，

中国现代著名作家茅盾

任总队长，部队发展到五百余人。1940年所部遭敌围攻，损失严重，仅余一百余人。曾生率部突围后重返东惠宝地区，与王作尧（1961年晋升少将）部合并，改称广东人民抗日游击队第三、五大队。1941年，曾生、王作尧部发展至一千五百人。1941年太平洋战争爆发，曾生参与组织港（香港）九（九龙）人民抗日游击队，发动港九人民参加抗日游击战争。同年12月25日，日本侵略军占领了香港。遵照党中央要不惜任何代价，尽快把困在香港的爱国民主人士和进步的文化界知名人士抢救出来的指示，我们党在香港的各个组织和抗日游击队，展开了一场秘密大营救的斗争。

当时聚居在香港的爱国民主人士和文化界人士，大多是1941年由于国民党顽固派掀起第二次“反共”高潮而到香港去的。营救工作艰巨而复杂。

1942年元旦前后，曾生和“虎门队”住在坪山东南的石桥坑，准备迎接廖承志等同志的到来。元月三日中午，终于接到了廖承志、连贯、乔冠华等第一批从香港回来的领导同志。送走廖承志等同志后，曾生马不停蹄地赶到设在宝安白石龙村的总部机关。根据安排，曾生留在白石龙负责接待工作。

元月十三日傍晚，交通员将第一批脱险的文化界人士带到白石龙教堂，他们是邹韬奋、茅盾等，同一天到达的共有五六十人，把那间小教堂都塞满了。曾生高兴地接待了这些历经艰险归来的同志和朋友。开饭了，曾生招呼大家说：“真抱歉，山沟里搞不到好菜，只有狗肉和青菜，不知道诸位吃不吃狗肉？”多数客人叫好，也有的笑而不答。勤务员把几大盆红烧狗肉端上桌，他们尝试之后，这才一致叫好。

茅盾说：“这顿饭吃得真痛快，虽然只有一荤一素，我觉得比什么八大八小、山珍海味更好，永远也忘记不了。”在庆贺座谈会上，茅盾称赞这次的营救工作：“是抗战以来（简直是有史以来）最伟大的抢救行动。”茅盾等住了五六天，提出要走，曾生派了向导和短枪队护送他们到惠宝边田心村。惠宝边田心村又有别的同志和部队接应。邹韬奋在离开白石龙前，为曾生题词留念——

保卫祖国　为民先锋

曾生大队长，以文士奋起，领导爱国青年组成游击队，保卫祖国，驻军东江。韬从文化游击队自港转移阵地，承蒙卫护，不胜感奋，敬书此奉赠，藉表谢忱。

韬奋一九四二年一月廿日

邹韬奋的题词对曾生的东江游击队的高度评价，给了他们很大的鼓舞。曾生、王作尧两部共抢救出困留香港的民

中国文化名人邹韬奋

主人士和文化人士八百人，国际友人一百人，在国内外产生了很好的影响。

1942年，曾生任广东人民抗日游击总队副总队长。1943年，广东人民抗日游击总队改称东江纵队，曾生任司令员，在上级党组织领导下，积极开展敌后游击战争，接连收复失地，威震南粤。东江纵队抗战期间，歼敌九千余人，部队发展到一万一千人，曾生成为我党在华南抗日战场上的一面旗帜。1945年8月15日，曾生被朱德总司令指定为华南抗日纵队代表，接受在广东的日军投降。曾生为东江纵队和华南敌后抗日根据地的创建和发展，为发展华南敌后抗战和中国抗日战争的胜利，作出了重大的历史性贡献。

建设广东鞠躬尽瘁

1946年，按照军调部的协议，曾生率东江纵队两千五百八十三人乘美国军舰至烟台。曾生部到达烟台后，编成一个团，曾生率大部分干部去华东军政大学学习，曾生任副校长。

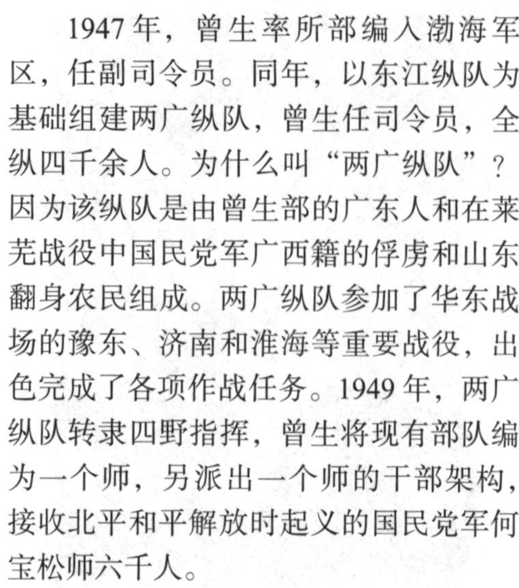

1947年，曾生率所部编入渤海军区，任副司令员。同年，以东江纵队为基础组建两广纵队，曾生任司令员，全纵四千余人。为什么叫“两广纵队”？因为该纵队是由曾生部的广东人和在莱芜战役中国民党军广西籍的俘虏和山东翻身农民组成。两广纵队参加了华东战场的豫东、济南和淮海等重要战役，出色完成了各项作战任务。1949年，两广纵队转隶四野指挥，曾生将现有部队编为一个师，另派出一个师的干部架构，接收北平和平解放时起义的国民党军何宝松师六千人。

曾生在赴京汇报的路上，见到了毛泽东。毛泽东问：“你就是在广东打教育厅的那个曾生吗？”曾生答：“是。”毛泽东赞赏说：“打得好！”毛泽东鼓励曾生：“你这回又增加了部队，要为解放华南再立新功！”毛泽东考问曾生：“你知道你们广东是什么时候开化的吗？”曾生一时语塞。毛泽东说：“你们广东开化很早，秦始皇时代，广东就是秦朝管辖的地方。河北人赵佗在广东做官，他对地方治理不错，秦朝末年，天下大乱，他乘机扩占了粤西、海南岛等地方，自立为王。汉高祖平定天下后，派人去见他，他表示臣服，接受汉朝的管理。”

1949年9月曾生和雷经天、尹林平同志一起，指挥由两广纵队、粤赣湘边纵队和粤中纵队组成的解放广东的南路军，胜利完成了解放广东战役一翼的任务，对解放广东全境发挥了积极的作用。

广州解放后，曾生先后担任广东军区副司令员兼珠江军分区司令员、政委，中共珠江地委书记、华南分局委员。1952年上半年任华南军区第一副参谋长、中南军区赴朝实习团团长，率团参加抗美援朝，并任中国人民志愿军第十二军副军长。1952年，叶剑英调回北京工作，黄永胜任华南军区司令员，叶剑英将曾生推荐给海军司令员萧劲光，萧劲光安排曾生到军事学院海军系学习。

1955年曾生被授予少将军衔，获一级独立自由勋章、一级解放勋章。1956年7月，曾生从军事学院毕业后，先后担任中国人民解放军海军党委委员、南海舰队第一副司令员、中共广东省委常委、广州市委第二书记、广东省副省长兼广州市长、广州军分区第一政委、广州警备区第一政委等职务，为南海国防建设和广东的建设发展作出了重要的贡献。

“文化大革命”期间，曾生遭受迫害，身心受到严重摧残。1974年平反后，曾生先后任交通部副部长、部长，国务院顾问等职务。1982年当选为中共中央顾问委员会委员，曾任第一、二、三、四、五届全国人大代表，第四、五届全国人大常委会委员，兼任香港招商局董事长。1981年，七十一岁的曾生退居二线。曾生晚年虽然体弱多病，仍时刻关心党和国家的前途命运。他坚决拥护邓小平同志建设有中国特色社会主义理论，拥护以江泽民同志为核心的党中央，拥护党的基本路线和方针政策，积极发挥自己的作用，作出了应有的贡献。

1995年11月20日，曾生病逝于广州，骨灰安放在深圳烈士陵园，生前著有《曾生回忆录》。曾生为广东的解放和建设发展以及人民军队的建设作出了重要的贡献，是深圳人民的骄傲。

（本文选自《晶报》）

1975年，曾生（左一）、宋任穷、陈丕显在北京

铁血红军将领陈树湘

文 / 贺吉元

在众多的红军指挥员里，有这么一位传奇人物，他从一个菜农当上了红军师长；他以善攻能守、机智骁勇著称于战场；他怒视敌人，亲手绞断了自己受伤的肠子。这位铮铮硬汉就是长征中牺牲的第一位红军师长、被人们誉为“铁血红军将领”的陈树湘。

逃荒长沙　做了菜农

陈树湘，1905 年 1 月 30 日出生于湖南长沙县福临铺。父亲是个佃农。五岁时，母亲因病去世。他八岁就到一个地主家当小长工，放牛、割草等农活，样样都干。1914 年大旱，田里颗粒无收，他随父亲流落到长沙市小吴门外陈家垅，在长沙一待就是十余年。父子俩相依为命，以种菜、宰猪、帮厨为生，日子过得十分艰难。

他每天卖完菜后，常去听学生的街头演讲，看学生的新剧演出，有时深夜也不回家，把自己投入反帝爱国的浪潮。在长沙，他的家与毛泽东的住地清水塘仅一岭之隔。陈树湘因为每天要去那里挑水送菜，便认识了毛泽东。见得多了，深受毛泽东和杨开慧的喜爱。在这里，他还结识了常来毛泽东处的何叔衡、李维汉、周以栗、滕代远、郭亮、毛泽覃等人。他们时常给他讲当时的时局和革命道理，这样，陈树湘的思想豁然开朗，大有进步。1922 年深秋，陈树湘加入了社会主义青年团，随即自觉投入农民运动。他白天下地种菜，晚上挨家串户，组织了不少菜农。他还编了这样一首歌谣：“做长工，做短工，一年到头两手空；挑担子，拉车子，一年到头饿肚子。”用它来启发农民兄弟的觉悟。1925 年 7 月，陈树湘经周以栗、滕代远介绍，光荣地加入了中国共产党。从此，他走上了职业革命生涯。

1926 年，他同一批农协骨干建立起了农民自卫武装，主动配合北伐军部队进攻长沙。

长沙“马日事变”发生后，为了反抗国民党反动派的屠杀，他不顾个人安危，前去市郊东乡参加农军反攻长沙的战斗。当这一作战计划被取消后，他与杨立三、赖传珠、张令彬等一批农军战友秘密赶到武昌，进入叶挺新兵营当兵，并先后担任班长、排长。后来新兵营改为警卫团，他随团乘船东下，准备参加南昌起义。

1927 年 9 月，陈树湘参加了毛泽东领导的湘赣边界秋收起义。此时他所在的警卫团被改编为中国工农革命军第一军第一师第一团，他随部队上了井冈山。

英勇善战　誉满红军

到井冈山不久，由于机智灵活，作战勇敢，陈树湘先后担任过红军第四军三十一团七连连长、红四军特务连连长

陈树湘——掏腹断肠写忠诚

和特务营党代表、红二纵队四支队政治委员。1931 年，年仅二十六岁的陈树湘被福建省军区任命为独立第七师师长。不久，调任红十九军五十四师师长。1933 年 6 月，为支援江西红军第四次反“围剿”作战，驻守福建的红十九军缩编为三十四师，他所在的五十四师缩编成一〇一野战团，陈树湘由师长改任团长，率部在中央苏区外线打击敌人。

陈树湘用自己的聪明才智和勇敢果断打了许多硬仗和胜仗。1933 年 7 月，他奉命率部参加攻打泉上土堡。这里有国民党卢兴邦部的三〇七团和当地的地主武装驻守，囤积了大批粮食、食盐等物资，对附近苏区威胁极大。当红五师的进攻战打响后，他率团在雾阁地区设伏，全歼增援的敌三〇九团，后又阻击了敌三〇八团。转至马屋附近，再将前来增援的敌第十九路军七十八师的一个团击溃。他对泉上土堡之战作出了巨大贡献。1934 年 3 月，陈树湘被任命为红三十四师师长。

在红军指挥员里，陈树湘善守也是出了名的。他担任三十四师师长后，奉命坚守泰宁。征得其他师领导的同意，他将部队布置在山头阵地上，凭借修筑的掩体工事和阵前设置的障碍物，冒着国民党飞机的狂轰滥炸，多次打退汤恩伯部八十八师和八十九师三万余众的进攻。虽因寡不敌众，泰宁失守，但却牵制了敌军的进攻。梅口防御战也是他的得意之笔。梅口是通往中央苏区宁都与瑞金的大门，战略地位十分重要。陈树湘到梅口后，同当地政府、军民一起沿梅口河滩挖掘了许多战壕掩体，以备急用。当国民党军周浑元部抢渡时，遭到他的有力还击，敌兵死伤惨重。他就这样在梅口坚持七天七夜，阻滞了敌人进攻的步伐。1934 年 4 月 18 日，他率部前往建宁接替红十五师防务，阻击敌人十多天。他按照彭德怀军团长的部署，集中火力猛袭敌军后续部队，在高虎垴将敌击退，使得国民党军前线总指挥陈诚被撤职。

1934 年 10 月 18 日，陈树湘进入于都，掩护中央军委两支纵队和五支主力军团渡过于都河，然后随同部队进行长征。

血战湘江　被断后路

长征开始后，陈树湘的三十四师担负全军的后卫任务，随时需要同尾追之敌展开作战。当时的形势简直就是兵不卸甲、马不卸鞍，哪里有敌人的追兵，他就要在哪里实施堵击。10 月下旬，他在古陂阻击了尾追的粤军第一军，确保中央机关和大部队顺利地通过了信丰河。不久，他在湖南汝城兵分两路，南北夹击粤军和湘军，使中央机关甩掉了尾追之敌。后来，他又协助陈伯钧的红十三师同湘军六十二师、粤军第一师作战，保证了红军分五路沿郴州、宜章西进。紧接着，又掩护红军主力和中央机关在道县、江华间顺利地渡过潇水。11月26日，陈树湘接到中央军委命令，要他率红三十四师阻击尾追之敌，掩护党中央和红军主力抢渡湘江。掩护红军渡江的战斗打得十分艰苦和残酷，陈树湘的三十四师付出了巨大的代价。当渡江战役打响后，他先率部与尾追之敌李云杰及地方保安部队频频交火，边打边走。后来，敌军从四面八方赶来，空中有几十架飞机轮番侦察和轰炸，地面南有桂敌夏威部，东有李云杰部，北有薛岳、周浑元、罗卓英部。面对十几倍于己的敌人和即将展开的殊死战斗，陈树湘与师政委程翠林、参谋长王光道、政治部主任蔡中等师领导镇定自若，指挥全体指战员从三面死死顶住敌人，一次又一次打退了敌人的进攻。他们就这样前后鏖战了四天五夜，终于为中央和军委两个机关纵队及红军最后一支部队——红八军团顺利渡过湘江赢得了时间。

陈树湘所在的师担负的后卫任务胜利地完成了，受到了党中央和中央军委的高度赞扬。但他们为此付出了巨大的牺牲，全师原有的六千多人锐减到不足千人。12月1日，陈树湘率部翻过海拔一千九百多米的宝盖山，试图在湘江边的凤凰咀徒涉渡江。他知道这可能是争取渡江的唯一机会了，不料又遭桂敌阻击，非但没能打退敌人夺得徒涉点，反而使部队伤亡一百多人。特别是师政委程翠林、政治部主任蔡中和两位团长在这次战斗中相继阵亡，剩下的七八百人，又被敌人冲散了。面对此情此景，陈树湘悲痛至极。在这危急情况下，他命令参谋长王光道带领师部机关和部队三百余人向东折回全州、灌阳之间的岭脚暂避。他则带着部队迂回转战，既要与疲惫和饥饿斗，又要与沿途的地方保安团和民团斗，以至于伤亡惨重，人员急剧减少。

自断伤肠　壮烈牺牲

在一次次炮火猛攻下，阵地弹片呼啸，血肉横飞。鲜血和泥沙凝固在一起，使整个山头变成了紫褐色。激烈的战斗持续数日，三十四师被切断后路，孤军奋战在湘江东岸的几个小山包上。当陈树湘最后一次集合阵地上的战士清点人数时，仅存的一名连长向他报告说：“我们现在还有五十三人，十五名轻伤，七名重伤。枪支有余，然而子弹只有一百零三发……”陈树湘听到这些，半天没有作声。这位连长又说：“师长，趁现在还有一点兵力，我们掩护您突围吧。”战士们齐声喊道：“师长，哪怕只剩下一个人，我们也要保护首长冲出去。”他回答说：“同志们，现在已经没有什么师长、连长、战士之分了，我也是一个兵，我们要并肩战斗，宁死不做俘虏。”1934年12月12日，陈树湘腹部中了一弹，他用皮带压住伤口，被战士用担架抬着走。伤口流出的鲜血把衣服都浸透了。为了不拖累大家，他再三挣扎着要从担架上下来，战士们说什么也不同意。最后他用几乎恳求的口吻说：“我的好战友，你们抬着我能冲出敌人的封锁线吗？不要做无谓的牺牲了，现在最重要的是保存革命力量，你们想办法冲出去。”可战士们怎么会丢下自己的师长不管呢？战士们仍强迫他躺在担架上，抬着就走。不一会儿，抬担架的两个战士也中弹倒地，陈树湘从担架上滚了下来。另外两个战士又来接替扶他，被他一手推开，喊了一声：“打！掩护同志们撤退！”他的枪声吸引了敌人的火力，一些战友脱险了，可他却没能冲出去。

由于失血过多，陈树湘昏了过去。蒙眬中不知过了多久，他渐渐苏醒过来，听见几个人在说话：“抓了几个共军，我们可以领赏了。”“看，他的肠子都露出来了，怕是活不长了。”陈树湘突然打了个冷战，他万万没有料到自己成了敌人的俘虏。还没多想，一阵疼痛，他又失去了知觉。当再次醒来时，一个声音在脑海里翻腾：决不能当俘虏，决不，决不！在敌人将他押往道县保安团司令部的途中，他趁敌不注意，伸出双手摸到了湿热的肠子。这时他已不知道疼痛，他咬了咬牙，双手用尽了力气，将肠子掏了出来，然后大叫一声……陈树湘永远闭上了眼睛，留给敌人的是无限的惊叹与恐惧。

陈树湘牺牲后，他的头颅被敌人残忍地割下装在一个竹篾笼里送到长沙湖南省政府主席何键的“剿匪司令部”，后来被悬挂在长沙市小吴门外中山路口的石灯柱上。红三十四师其余指战员亦战死在沙场上，英勇的红三十四师战功之伟、悲壮之极，永远铭刻在人民心中。

（本文选自《钟山风雨》2007 年 03 期）

陈树湘烈士雕塑头像

中共南京市委书记陈修良

文/时　锋

陈修良

南京解放前夕，在白色恐怖笼罩下的国民党反动统治的中心，曾活跃着一支秘密力量，他们战斗在敌人的心脏里，获取情报、瓦解敌人、策动起义、策应人民解放军渡江作战……这就是由中共南京市委书记陈修良领导的地下情报组织。

1946 年 3 月，陈修良被任命为中共南京市委书记。这是中共历史上第一位被任命的女市委书记。

5 月，陈修良根据华中局的指示，在市委专门设立了以卢伯明为负责人的情报系统；1948 年又专门设立了以沙广威为首的策反系统。这两个系统都由她

年轻时候的陈修良

单线联络，由她直接向上海局报告。换而言之，市委书记亲自领导这两项生死攸关的要害工作。

要在国民党配备有八千名职业特务的南京截取敌人的机密情报，其艰险程度不言自明。陈修良靠着对党和人民的忠诚，临危不惧，胆大心细地深入敌人内部搞情报。

有一天下午，她戴着一副墨镜，来到市委委员方休的家中。方休当时的公开职业是小学教师，与陈修良单线联系。一见面，方休立即悄悄地告诉她：“我一个妻弟是国民党的军统特务，他刚从重庆回到南京，暂住我家，我们说话小心点儿。”出于职业习惯，陈修良当即询问了那个特务的具体工作情况。方休告诉她，妻弟好像是电台机要人员，并且方休提出想把房子挪一挪，与一个特务长住一起总不大行，万一露出了破绽不是闹着玩的。

陈修良毫不犹豫就否定了方休的提议。几天之后，陈修良再次造访方休家。见面伊始，方休就迫不及待地说：“妻弟出差去了，留下一个手提包，妻子打开一看，里面有一包军事密码，这事该怎么办？”

陈修良当即郑重地说：“能不能拿出来给我看看？”方休自然允诺，让妻子把提包拎了出来，一看，正是党中央极其需要的国民党军事密码！她又问：“方休同志，这份东西我需要借用一下，让情报部门的同志抄一抄，你看行吗？”“可以。不过只能用半天，下午他就要回来了。”方休答应道。她紧紧地握了握方休的手，她知道方休做出这个允诺需要多大的勇气。

南京市委负责情报的卢伯明在妻子和助手的帮助下，连续抄了三个小时才把密码抄完。下午陈修良将密码“完璧归赵”的同时，卢伯明也跨上了南下上海的火车。

几个月之后，党中央给陈修良发来嘉奖令，中央高度评价这份密码对掌握国民党军队调动情况所起的重大作用。

1947 年末，蒋介石策划的重点进攻被粉碎之后，中共的领袖们把目光投向“策动国民党党政军人员起义”这一战略目标上。

1948 年 9 月，上海局发布了给南京市委的指示信，要求市委“积极进行策反工作”。南京市委立即建立了一个由沙文威负责的策反系统，并通知南京各情报人员，凡是在国民党军事机关有起义线索的，一律集中到策反系统。一个个策反对象被筛选出来，而首先纳入陈修良视野的，正是被人称之为“天之骄子”的国民党空军轰炸机八大队的一名飞行员俞渤。

俞渤是广西人，少年时代是在桂林度过的，桂林失守后，俞渤考入中山大学，只读了一年便因家庭经济困难而辍学，这时他闻知国民党招收空军飞行员的消息，便毅然远去重庆考上国民党空军。1945年春又奉命前往美国训练，归国后便担任了轰炸机八大队的飞行员。

当时的内战战场上，国民党陆军哗变者已屡见不鲜，但空军系统驾机起义还不曾有过先例，如果策反成功，对于瓦解国民党军士气定会产生巨大影响。几经接触，当沙文威领导下的特工、时任国民党空军第四医院中尉航空医官林诚试探着把谈话引入实质时，俞渤毫不犹豫地表示答应，并且告诉林诚，他这个机组共五个人，其他人平常都与他友好，完全可以争取他们一起起义。不久，俞渤等人驾机起义。这之后，国民党驻宁部队先后又有四架最先进的B-24轰炸机飞往河北解放区。

策反空军起义成功后，陈修良、沙文威认为策动国民党海军起义的时机也已经成熟。他们决定把策反目标锁定为国民党军最先进的巡洋舰“重庆号”。

“重庆号”巡洋舰原是第二次世界大战时英国在地中海的旗舰，它是国民党海军中装备最精良的军舰。在人民解放战争胜利发展的形势下，中共中央上海局以及南京市委等情报策反部门多渠

沙文汉与陈修良夫妇与女儿贝贝

道积极工作。舰上的南京地下党员毕重远于1946年进入国民党舰艇士兵训练班。1948年8月“重庆号”回国后，南京的党组织就派人与他联系，要他团结士兵，相机行事，策动起义。1949年2月17日，“重庆号”奉命离开上海，在吴淞口外停泊。当获悉敌人要该舰逆江而上，到江阴与海军第二舰队配合，阻止解放军渡江的消息后，舰上的“士兵解放委员会”主要成员决定拒航，把起义地点改在吴淞口。

1949年2月25日凌晨1时，“士兵解放委员会”拘禁了包括舰长邓兆祥在内的所有在舰军官。邓兆祥原来早有起义思想基础，但不知下层士兵已在酝酿哗变，当他得知这是在中共南京市委、上海地下党的领导下进行时，毅然参加起义，下令开航，使军舰顺利驶向解放区。

1949年3月，中共南京市委委员朱启銮和情报系统干部白沙化装成商人，冒着生命危险过江到达合肥人民解放军前委司令部，送去国民党京沪杭警备总司令汤恩伯的《京沪、京杭沿线军事布置图》《长江北岩桥头堡封港情况》《江宁要塞弹药数量表》等重要敌情资料，

为配合解放军解放南京做出了贡献。

自3月国民党宣布“封江”之后，长江上的大小船只便统统被赶进了内河，解放军在江北很难找到船只，关键时刻南京市委显露身手。4月23日夜晚，下关电厂、下关机务段轮渡所工人驾驶着“京电号”、“凌平号”过江到达浦口；24日中午，被策反的水上警察局二号巡艇也开到浦口；紧接着，南京市委又组织民船和停泊在下关沿江一带的公、私营轮船公司的大小机动船只一齐出动（老江口的火车轮渡，一次能装载一个团的部队、战车）。

23日凌晨到中午，经过轮渡往返不停地运输，停留在浦口一带的解放军三十五军全军人马顺利过江，占领了总统府。悬挂在总统府上的青天白日旗被扯下来了。

这天下午，设立在励志社的解放军第八兵团第三十五军军部门前，一辆吉普车戛然而止。为首的一位中年妇女告诉哨兵，她需要去见三十五军何克希政委。

哨兵满腹犹疑，他不知道这位穿着旗袍的老百姓凭什么资格要见军首长。可是，当他把中年妇女通报的姓名转报值班室后，何克希却立即跑了出来：“陈修良同志，我正在到处找你！我正在到处找你！好啊，我们胜利会师了！”

会谈结束后，将军又立即派两个警卫员护送陈修良到寓所搬取行李。当军用吉普停在一间普通的民居前时，人们怎么也想不到穿着朴素、一天到晚外出“打麻将”的张太太，竟然是共产党的南京市委书记！

4月27日，刘伯承、邓小平进驻南京，中共中央决定重组南京市委：刘伯承为书记、宋任穷为副书记，陈修良任组织部部长，张际春任宣传部部长，陈同生任统战部长，陈士渠任南京警备司令。

（本文选自中新网）

1949年南京解放后的陈修良（前排左一）

星汉灿烂　光耀历史

文/刘亚洲

三十六位军事家和五十七位开国上将，是人民军队当之无愧的英雄。

这些星汉般灿烂的历史人物，在20世纪谋求中华民族独立和解放的斗争中，脱颖而出。他们大多起于布衣，身经百战，屡蹈死地而后生，在血与火中百炼成钢。他们每个人的故事都是一段传奇。他们每个人的身上都有一种神、一股气。在共产党人前仆后继、浴血奋战的壮丽诗篇中，他们的人生轨迹最具有普遍意义和典型性。

顺势者昌，为民者赢。历史始终在以不可抗拒的方式向前发展，它给任何伟大的人物提供的机遇都是稍纵即逝的。以毛泽东为首的开国将帅们，之所以能抓住机遇，创造历史，是因为他们矢志不渝、为之献身的中国共产党选择了人民大众的选择，代表了历史前进的方向。人民是一种神奇的力量，是民族的物质和阳光，是革命的树叶和树根。“水能载舟，亦能覆舟。”人心向了谁，天下就是谁的天下。蒋介石麾下以黄埔系为代表的将领们，不论在北伐战场上，还是在抗日烽火中，都曾创下过令人瞠目的战绩，为什么却在与人民解放军的对决中一败如水？这个已经有了明确答案的历史话题，现今仍值得我们进行深入的研究和反思。

开国将帅们的非凡经历昭示人们，要创造不同凡响的奇迹，就必须有钢铁般的意志。在艰苦卓绝的斗争中，他们几乎每个人的命运都有搁浅的时候。在逆境中，这些共产党人靠着信仰，靠着超乎寻常的坚强，在历史和命运的夹缝中铸就了辉煌。井冈山斗争时期，毛泽东一度被排斥在党和红军的领导层之外，连他的亲属都受株连而遭受打击。所谓“邓、毛、谢、古”案，就发生在这个时期。许多人不敢接近毛泽东。为了不牵连别人，毛泽东也很少和人说话。用毛泽东后来的话说：“他们把我这个木菩萨浸到粪坑里，再拿出来，搞得臭得很。那时候，不但一个人也不上门，连一个鬼也不上门。”邓小平更是伟大，胸怀如海，能纳百川。倒了三次，照样站起来，稳如泰山。西路军失败后，李先念率七百多残余的火种，九死一生，先到新疆，后回延安，由于受张国焘分裂路线的牵连，被连降六级，从军政委降到营长。在这种艰辛时刻，他对党还是忠

诚无比，勇敢地接受残酷的现实。回到大别山后，又开创出一片新天地。

拒腐方能不败。永远拒腐方能使我们的军队永葆本色。阅尽古今，腐败是销蚀军队战斗力的终极杀手。拿破仑在滑铁卢战役惨败后叹息道：“好久没有和士兵一起喝汤了！”意味深长。李自成的大顺军刚刚进皇城，就被贪腐葬送了。八旗子弟最初入关时，何其英武。看看晚清，他们的子孙落魄成了什么样子。腐败不光指贪财，形式主义、欺上瞒下等等都是腐败。胡宗南率军进入延安后，本是一座空城，却在给蒋介石的报捷中称：“是役俘敌五万余，缴获武器弹药无数，正在清查中。”记者们纷纷要求到战地采访。胡宗南情急之下，匆忙在延安周围设战俘营十座，抓来村民五百，再从国民党军中挑一些“伶俐”的士兵，扮演战俘，应付记者。与此同时，毛泽东、周恩来和彭德怀却领导解放军利用“蘑菇战术”，一个旅接一个旅地消灭着胡宗南的主力。在解放大军横扫蒋军如卷席的时候，国民党部队却还在互相掣肘，频传“捷报”。长官忙着发财，士兵畏战怕死，层层欺上瞒下，这样的军队焉能不败。

记忆可以尘封，而历史不会。黑格尔说：“历史题材中有属于未来的东西，找到了，作家就永恒。”凝聚在开国将帅们身上的那种属于未来的东西，就是胡主席所概括的“听党指挥、服务人民、英勇善战”的光荣传统。愿新一代军人们能够从开国将帅们壮丽的人生中，找到属于今天和明天的精髓。

我跟着父亲当红军

文 / 吴华夺

开国将军吴华夺

1928 年夏天的一个漆黑夜晚，亲戚来合云突然来到我家里。打那以后，他和父亲经常在一起，背着母亲商量事情。那时我才十二岁，许多话听得似懂非懂，但却感到津津有味，什么共产主义、革命、暴动、打倒地主和劣绅、夺取红枪会的领导权等等。有一天晚上，我已经睡下了，忽然，母亲和父亲吵起嘴来。母亲不停地唠唠叨叨："你参加那些红党，就会不顾家，也不管孩子啦。"父亲说："谁说不管，打土豪分田地就是为了孩子们。"我爬起来问父亲什么是土豪，他没好气地说："快睡你的觉，小孩子打听什么？！"不久以后父亲就参加了红枪会。我看许多人在一起热热闹闹，挺好玩，也就跟着参加了。父亲在会里可是个大忙人，一天到晚东奔西跑，开会商量事情，我也不知道他忙什么。

阴历十一月二十八日晚，父亲急匆匆地从外面回来，在这之前，他已三天三夜没有回家了。母亲连忙端上饭来，父亲把饭推到一边，戴上帽子，又向外走去。母亲和我虽然都感到很奇怪，但是也不敢问出了什么事，只坐在家里等着。一直待到快二更天，也没见父亲回来，母亲说："小海，你快去看看，你爸爸到哪儿去了？"我跑出门一看，只见很多人扛着梭镖拿着刀，向姓吴的地主家里涌去。吴华高走在前面，很快就把姓吴的地主的房子包围起来了。有人爬墙进到院子里，打开了大门，外面的人端着梭镖，举着大刀，一拥而进。不一会儿，把姓吴的地主拖了出来，拉上了后山。接着又把底铺子的恶霸吴华早、

晚年吴华夺

吴华能等四个坏家伙也拉来杀了。人们都在议论纷纷，说："好，革命开始了，明天就宣布成立苏维埃。"我到处找父亲，可是哪儿也找不着，于是就大声叫喊。吴华高跑到我跟前说："你爸爸一会儿就来了，走，我们到祠堂去吧。"祠堂里已挤了好多人。到三更天时，父亲和来合云、朱文焕从吴家回来了。来合云说："明天成立苏维埃。"我连忙跟着问："什么是苏维埃？我们现在是不是共产党？"来合云说："苏维埃就是我们自己的工农民主政府。好小子，你想当共产党吗？老子是共产党，儿子大概不成问题吧！"说着一把把我抱起来："小家伙不简单，你知道什么是共产党？"我说："共产党是打地主的。"来合云笑了。

第二天成立了乡工农民主政府、土地委员会、妇女委员会、儿童团、少年先锋队等红色组织，红枪会改编为红色补充军第二团。吴华高当了团长，父亲是党代表。不久第二团就出发到东区去打地主的寨子，我也跟着大队人马去了。

这是我过红军生活的第一课。我年纪小，个子矮，生怕人家不要，处处尽量装着个大人样。父亲在前面走，我穿着一双不跟脚的鞋，跟在后边。一路上，我模仿着父亲那样一大步一大步地走。走着走着就被落下了，只好踢踢踏踏地跑一阵撵上去。父亲听到这踢踏的声音，就习惯性地回头看看我，我也装着没事一样看看他。开始还可以，以后越走越吃力，父亲终于开口说："你快给我回去吧，跟着一路不够垫脚板的。"我鼓鼓嘴，就是不回去。他沉下脸，说："你非给我回去不行！"我一看拗不过他，就离开队伍嘟嘟囔囔地往回走。走不多远，趁他不注意，又钻到队伍里。过了一会儿，不知怎么被他发现了，毫不客气地又把我赶出来，而且还在一旁监视着我。我干生气也没办法，蹲在路旁，眼看一村的人都神气活现地走过去，真急死人。忽然有人叫父亲到前面去，我又趁空钻进了队伍。

这时大雪飘飘，风也吹得挺紧，人们都耸着肩、缩着头。约莫快到中午，父亲到后边来检查行军情况，又发现了我，他还是赶我回家。我说冻死在外面也不回去，他看没法，就从身上脱了件单衣给我包头。我嘴里说不冷，其实两只耳朵和脸上像刀子割，怎么也止不住上下牙打架。本家吴华官大哥对父亲说："你到前面去吧，我来招呼他。"父亲瞅了我两眼，就到前面去了。

经过一天一夜的行军，部队到达八里区南村，准备对龙盘寨、李山寨进行包围。部队到李山寨正西六里的李家楼时，天刚拂晓，民团还在睡大觉，打了几枪，他们就吓跑了。团部就留在这里，部队都上山围寨子去了。吴华官和文谋叔叔忙着杀猪做饭，我帮忙烧水。到柴堆上去拉柴火时，一拉，发现了一条皮带。我心里疑惑：这是什么皮带呢？顺手拉出来一看，原来是支汉阳造步枪。我真高兴极了。中午，吴华官、文谋给部队送饭时，将这件事告诉了父亲，父亲即刻派人下山来把枪要去看看，我也跟去了。到了那里，吴华高团长看了枪，笑着对我父亲说："好，我们团又多一支钢枪了。"父亲要我回团部去，把枪留下，我说什么也不肯。他说我不服从命令，要揍我，我才吓走了。

1929年春天，部队到油炸河以北的小村庄驻下，防止大山寨的地主民团扰乱根据地。这时部队已从敌人手中缴获了九支步枪，上级又发来两支掰把儿枪，是给团长和党代表的。有一次趁他们不在家，我偷偷地拿着枪玩弄，不知道有顶膛火，一拨弄，啪的一声，把老百姓的一头老黄牛打死了。我吓得要死，急急忙忙去找团部司务长。司务长是个老成人，平时最喜欢我们这一帮小鬼，他看我吓得那个样，又好笑又好气地说道："你们这些小鬼呀，光给我找麻烦，你知道，赔老百姓一头牛要十四块光洋。"说着就找老乡去了。

过了不一会儿，父亲回来了，一听此事，可发了大火，顺手甩了我两个耳光，又把我关起来，不给饭吃，非要我回家不行。虽然脸上火辣辣的，但我却不哭。我知道父亲是个刚强人，从来不喜欢看哭鼻抹泪的人。不过我心里暗自思量：这一下糟透了，如果真派人硬把我送回去怎么办呢？正想着，吴华高团长来了，他训了我几句，叫我以后千万听话，就把我放了出来。这下我可高兴啦，急忙又去烧水。谁知一锅水还没烧开，父亲又来找我了。他气呼呼地说："三番五次地说你年岁太小，跟着尽捣蛋，要你等两年再来，你就是不听……"我只好向他苦苦哀求说："去年都跟上了，今年还不行吗？你枪里上了顶膛火，我以为是空枪才弄响的。今后好好干，听你的话，还不行吗？"刚说到这里，华高带着许多人拥进来，一起要我唱歌。我估计这可能是替我解围的，看了父亲两眼，就站起来唱：

正月是新年，家中断米面，
衣衫破了没衣换；
——哪嗨哟，衣衫破了没衣换。
富人穿得好，鱼肉吃不了，
珍肴美味白炭火烤；
——哪嗨哟，珍肴美味白炭火烤。

我越唱越带劲，一面唱一面就表演起来。一气唱完了十二个月，累得我满头大汗，呼呼直喘。大伙哈哈大笑，我看到父亲也扭过脸去偷偷地笑了。最后，他转过身来，又板起面孔对我说："从明天起，每天除了工作外，要学习，再胡捣蛋，非叫你滚回家去不可。"我伸了伸舌头，连声说好。

半个月以后，部队改编。华高他们都到二十八团去了，父亲在军部休息。因为我年龄小，就叫我到少先队去当小兵，也没有枪。三四十个小鬼在一起，除了行军，就是学文化、上政治课。什么是阶级，穷人为什么穷，富人为什么富……这些最基本的革命道理，深刻地印在我脑子里，更坚定了我要干革命的意志。

一个多星期后，父亲和来选刚同志一道来找我。父亲告诉我，上级要他回后方，到光山县东区去工作，要我同他一道回去。我说："你回你的，我是不回

去。”父亲说回去送我上学念书，我说：“不，这里人多热闹，我们每天也都在学习，哪里的学校也赶不上红军这个大学校。”他看我很坚决，也就不再劝我，但是要我每个月给他写一封信。我说：“爸爸你回去，我会好好干，放心吧。”他老人家走了不一会儿又回来了，拿出刚买的一双布鞋，亲手给我穿上，摸着我的头，又看了看我的脸，说：“以后千万要听同志们的话。”我“嗯”了一声，不知怎的哭了起来。他的眼中也充满了泪水，但是没掉下来，转身向我们上级交代了几句话，就走了。从此以后，我再没有看见过父亲。

1932年，我在河口战斗中负了伤，到罗山休养的时候，听说父亲随四方面军主力西征了。1936年，我随红军长征到宁夏花马池与红四方面军会师后，就到处打听父亲的去向。后来见到了熊起松、吴华江两位同志，他们告诉我，父亲在豫西牺牲了。

我实在抑制不住心中的悲恸，就偷偷地跑到村外，坐在一棵大树下哭起来。突然觉得有人站在我旁边，回头一看，是党总支书记文明地同志。我揉了揉眼刚要站起来，他却把我按住，坐在我身旁，用手抚摸着我的头，劝慰我一番，然后告诉我：“不要哭了，我们手中有枪，要向国民党反动派讨还血债！”他拉着我的手站起来说：“回去吧，同志们都在等着你。”黑暗里，我跟着这位对我关怀体贴备至的领导同志走回部队。我又感到了慈父般的温暖，这是巨大的党的温暖！父亲倒下了，党把我抚育长大成人。

几天以后，我又和大家一起背起行装，踏上了征途，沿着我的父亲没走完的道路继续前进！

“不懂事”的红小鬼

文 / 余光茂

余光茂

余光茂，出生于1915年，江西崇义人。1930年参加革命。文中身份为红一方面军三军团十三团二营机枪连指导员。中华人民共和国成立后任安徽省军区司令员。1955年被授予少将军衔。

长征中，部队减员的速度是惊人的。过夹金山前，红十五、十三两团合编时，一千五百余人的红十五团，只剩下三百人左右，缩编为红十三团第二营。过了夹金山，与红四方面军会师后，又从红四方面军拨来了两个连，才使我们营的人员增加到五百人左右。

当时我在二营机枪连当指导员。从红四方面军调来我连的战士中，有不少是来自通南巴革命根据地的四川小鬼，我们连部的几个小勤务员就是从这些新编来的战士中挑选的。

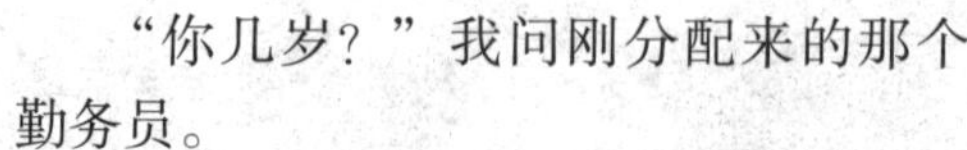

“你几岁？”我问刚分配来的那个勤务员。

“十四岁。”他敏捷而老练地回答。

我望着这小鬼，他个子特别矮小，但是胖胖的圆脸上显露着机灵，一眼看上去，就知道是个很早就开始劳动，过过艰苦生活的穷孩子。

“编到这里来，有意见吗？”我又问。

“到中央红军来，是光荣事嘛！”他虽然尽量装得大人气一些，但不时用舌尖舔着嘴唇，流露着孩子的稚气。我想笑，他却又一本正经地加上一句，“我知道，现在都是党中央直接领导了。”

在芦花，说是休整，其实是做过草地的准备。在那个只有几间木屋和石头房子的地方，粮、鞋和皮背心的筹备实在是艰难到无法想象的地步。我们几个连的干部，整天为这事东奔西跑。每当我精疲力尽地回到连部时，开水送来了，青稞麦糊在桌子上冒着热气。这个十四岁的小勤务员，多会体贴人哪！

把青稞麦割下晒干，炒熟又捣成面，把羊皮缝成背心，用羊皮做成鞋子，这些都是很复杂的工作。在做这些工作时，小勤务员是我最好的帮手。他总是一声不吭，闷头苦干，做得又快又好。

我们开始过草地了。在行军途中，我偶然发现小勤务员背的干粮袋比别人的短一半。

“为什么只背这么点？”我问。

“我人小吃得少。”他平静地回答。

我知道他不是嫌重，他不愿背十五斤炒面，是怕自己累坏了，最后还要给别人添麻烦。可是事到如今，这能怪他吗？他无法理解过草地是怎样的艰难，不懂得十五斤炒面对生命有多大价值。可我呢，当时为什么不向他讲清楚，这真是不可原谅的疏忽。

草地，一片茫茫无边的草和水，看不见泥土，没有人迹，没有树木，也没有路。

第三天，我发现小勤务员的粮袋越发短了，而且他一边走着，一边还在掏炒面吃，怎么一点儿不知爱惜粮食呢？“你这样怎么行？”我责备他，“边走边吃，吃光了，以后怎么办？草地还这么远。”

小勤务员低头不语，好像有一肚子话说不出来。我当时真有点儿生气了：平时很好的孩子，现在却这样不听话。我想把他的炒面控制起来，便伸过手去拿粮袋，他双手紧护着，连声说：“你背的东西太多了，不能给你呀，我以后不吃就是了。”

我看见他的眼睛里已闪着泪花，心里立刻一热，手便松开了。

草地上的行军，还长哩，有些战士已经没有余粮了，小勤务员的炒面也吃光了。我立即召开党员积极分子会议，会上，大家都表示了很好的态度，党员干部起带头作用，帮助同志们克服困难，都纷纷把自己的炒面分出一部分用来帮助缺粮的同志。我心里很清楚，这分出来的不仅是一两碗干粮，而是生命的一部分啊！

休息以后，我从班里回到连部，小勤务员已经把饭盒里的炒面糊烧熟了。吃饭的时候，他不断地望着我，慢慢地吃着。等到我吃完了，他的一碗炒面才刚动一点儿，也跟着放下“筷子”，把饭盒收拾起来。“为什么吃得这样少？”“我错了，指导员，我不该把干粮都吃光，现在吃你们的……”他哽咽着没有说下去。“要懂得节约，可也不能只吃这么点。”我怜惜他，但内心里并没有减轻对他以前“浪费”行为的不满。

从此以后，小鬼变了，胖胖的圆脸变尖了，整天不说话。一到休息地，他就跑到很远的地方搞来大捧的野菜，和上炒面，默默地点燃枯草烧着。吃自己背的干粮，他那样满不在乎，可吃别人的，他却这样珍惜，我隐约地感到在这颗尚未成熟的心灵上，有什么东西在闪烁。

有一天，部队在休息，小鬼不见了。文书说他掉队了，我一直向来的路上望着。等到部队又继续前进的时候，才看见他一拐一颠地往前晃。他一发现我在等着，就装作没事的样子，大大方方地走上来。

“你怎么了？”我问。

“没什么呀！”他黄瘦的脸上还装着很平静的样子。

“脚起泡了？”

“没有。”

我不信，强制地帮他把牛皮鞋脱下来。哎呀！我惊呆了，原来他的脚烂成这个样子：皮脱去了，鲜红的肉翻露出来，周围凝着紫色的血痂，痂里又渗着鲜血，显然这已经不止一天了。这一刹那，我全明白了：他不停地吃干粮，是因为这脚不能担负更多的重量，是为了避免同志们知道他脚坏了而替他操心。这是多么倔强的小鬼呀，可我不但没有

及时地了解这个情况，照顾他，减轻他的痛苦，反而还对他不满，批评他……我越想越痛苦，觉得内心受着严厉的谴责，鼻子一阵发酸。

“指导员，没关系，我能走，能到抗日前线去！”

“对，要走，我背你。”不知是受这孩子感动，还是为了要弥补自己的过失，我伸出了双手。

“指导员，不要，不要。”他坚决地把我的手推开了。

我不管他怎样挣扎，还是背上他走了。

第二天我又背了他一阵子。在休息吃饭的时候，小鬼坐在那里，半天没有说话，我正在纳闷，忽然他喊了我一声，我看他眼睛里闪着光，慢慢地问我：

“草地就要过完了？”

“就要过完了。”

“那好，”他又想了想说，“把我送到营部收容队去吧。”

“熬着，小鬼。”

“我一定熬着。但还是到收容队去好，指导员，你太辛苦了！”

“出了草地就好了。”我想安慰他，却找不出适当的话来。我知道背着、扶着小鬼，也的确影响我的工作，于是便答应了他的要求。我把他送到了收容队，临走前我又掏出一碗炒面给了他。谁知他还是那样固执，又把炒面推回来，说：“指导员，你比我要紧，你拿着……”

我没让他再说下去，把炒面袋塞到他的怀里回身就走了。

“指导员。”他大声喊着。

我回过头去，只见他扶着树棍站了起来，眼里含着泪水：“我没有完成任务，指导员，你就狠狠地批评我一顿吧！”

没完成任务的是他，还是我？我心里痛苦极了。

从那以后，我一直没再见过这个小鬼，不知道他有没有走出草地。

每当回忆到长征途中的人和事，每当听到浓重的四川口音时我总要想起那个红小鬼，想起那时我对他没有及时尽到照顾的责任，内心总是受着强烈的谴责。

（本文选自南海网）

一顶红军帽

文 / 张煜焱

胡东生是长征开始时加入红军的小战士，当时才十六岁。入伍以后，部队一直处在战斗与转移中，没有休整，没有根据地，生活异常艰苦。东生是个苦娃，从小父母双亡，靠给地主放牛混口饭吃。参加红军以后，打仗、行军、饿肚子他都不怕，唯有一件事，他的心里总是觉得委屈，那就是他一直没能戴上一顶红军帽。

参加红军以后，他的头上还是裹着一条毛巾。他总是羡慕老同志头上戴着的红军帽，那帽檐是半圆形的硬板，红色的五角星，闪闪发光，简直太好看了，那灰绿的颜色，即使是顶旧军帽也让人眼馋。唉，要是有顶军帽多好，那才像个真正的红军呢！没有帽子怎么能算正式的红军呢？

因此，行军路上，东生总是找一切机会缠着指导员要帽子。指导员是个和蔼可亲的中年人，身体不太好，一路上，东生总是听到他不停地咳嗽，真为他担心。指导员对东生特别关心，行军宿营都要看看东生好不好。每次东生缠着他要帽子，指导员总是像父亲对待自己的孩子一样，半哄半劝地说，以后一定发给你。

可是，东生的帽子一直没有得到，因为当时的行军路上，连一根布条都难找到，哪里有帽子发啊！

部队天天行军，粮食吃完了，许多战士的身体也垮了，可是还得走，要赶速度啊！

有一天，在爬过第二座雪山时，小东生实在走不动了。他两天没有吃粮食，饿得两眼直冒金星。脚上的鞋子早走烂了，光着的脚丫子冻得裂开了血口，一步一拐，小腿也肿得老粗。东生看着望不见顶的雪山，只是喘气，心里想，这下完了，红军的帽子还没有戴上，就要死了，不由得哭了起来。

“东生，为什么哭啊？”

指导员柔和的声音在耳边响起，东生赶紧擦了擦眼泪抬起头来。这几天指导员变得更加憔悴了，他的颧骨突得更高，胡子有半寸长，脸上苍白消瘦，一走就喘粗气，显然指导员的病更严重了，

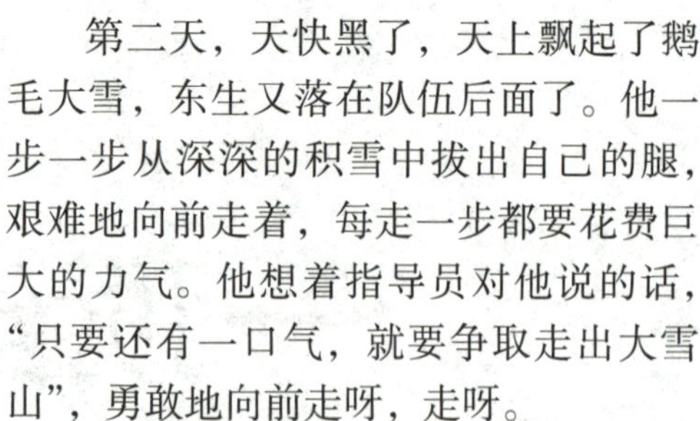

草　鞋

爬上这样的雪山，他有怎样的毅力啊！

东生看着指导员，想着自己还是个年轻人，不由得感到难为情起来。指导员从不说累，说话总是那样的慈祥，看到指导员过来，东生就有一股说不出的温暖。

“指导员，我饿得走不动了。”

指导员坐到东生的旁边，帮他揉了揉脚，然后就从身上掏出最后一块煮熟的牛皮递给东生。开始，东生不愿意吃，因为他知道指导员也是两天没有吃东西了。但是，指导员执意要他吃了，他才含着眼泪拿了这块牛皮。这时，小东生从指导员身上感受到一种巨大的爱，使他的心里热乎乎的，身上产生了一种神奇的力量，于是，他站起来，跟着指导员又向前走了。

东生和指导员一边走，一边听指导员讲话。指导员用低低的声音对东生说：“革命是艰苦的事，可是革命是为了更多的老百姓不再受苦，因此，我们现在吃苦受累，甚至流血牺牲，都是为了更多的人过上幸福的生活，再苦再累也是值得的。”指导员接着说：“在雪山顶上不能坐下，坐下就可能会死掉，所以，你一定要坚持住，只要还有一口气，就要争取走出大雪山。”

第二天，天快黑了，天上飘起了鹅毛大雪，东生又落在队伍后面了。他一步一步从深深的积雪中拔出自己的腿，艰难地向前走着，每走一步都要花费巨大的力气。他想着指导员对他说的话，“只要还有一口气，就要争取走出大雪山”，勇敢地向前走呀，走呀。

突然，他看到前面不远处有一个人躺在雪地里。走近一看，啊，竟是指导员。东生吃了一惊，连忙上去，想把指导员扶起来。可是，指导员的脸就像地上的白雪一样惨白，指导员已经奄奄一息了。

东生的眼泪一下子流了出来，他哭着喊着：“指导员，指导员，你快醒醒，你快醒醒呀！”

指导员睁开了眼睛，看着东生，断断续续地说：“不要管我……你去吧……不要掉队……”

东生伏在指导员的身上哭起来。指导员慢慢脱下自己的帽子，轻轻地说：

“东生……红军帽子……给你……”

东生呜呜地哭着，指导员又指了指自己脚上的鞋子说：“鞋子……我的……穿上走吧……我不行了。”说完，指导员就闭上了双眼。

东生心里就像刀扎一样难受，指导员就像他的亲人一样关怀着他，现在，指导员竟牺牲了，叫他怎么能不悲痛欲绝呢？

大风卷着雪块，疯狂地吼叫着。也不知过了多久，东生才从惊愕中清醒过来。指导员的身躯已经僵冷了，这时，东生好像明白了什么似的，他坚强地站起来，找了些树枝掩埋了指导员，戴上指导员的帽子，又小心地脱下指导员脚上的布鞋穿在自己的脚上，迎着风雪，

毅然向前走去。

泪水在东生的脸上像决了口的河流一样，一串一串地滚落下来。

东生就是戴着指导员的红军帽，穿着指导员的鞋子走完了长征路。

抗日战争全面爆发后，红军改编为八路军，部队下发了统一的国民革命军的军装，东生也当上了班长，可他舍不得丢掉那顶又旧又破的红军帽，他把它深藏在贴身衣服的口袋里，行军打仗时，经常拿出来看看。班里的战士们都知道这顶红军帽的来历，也都知道这顶帽子在班长的生命里具有多么重要的意义。

在忻口保卫战中，东生班长为了与日军抢夺一挺机枪，英勇地牺牲了。临死前，他从身上掏出那顶红军帽，交给班里的战士小王，他说：“拿着这顶红军帽，永远革命，不要掉队！要像老指导员那样活着和死去……”

战士们埋葬了东生班长，大家看着这顶帽子，心里默默告诉班长，我们一定会照你的话去做的。

长征这段不平凡的历史，红军在极度艰难的征途中所表现出的团结奋斗、顽强拼搏、奋不顾身、勇往直前的革命英雄主义精神和革命乐观主义精神，给我们以无比的精神动力和榜样力量。

（本文选自中国红故事网）

我参加了渡海作战

文 / 许兆发

我叫许兆发，1930年出生在东北黑龙江一个农户家。

我于1947年2月参加了当地的革命武装恒山区中队，后来调到鸡西县大队。记得在剿匪过程中，我们地方部队曾多次参加统一行动。到了1948年初，剿匪已接近尾声，我于2月份从牡丹江独立团调到前线的东北野战军的第六纵队（后来的四十三军一二七师三八〇团）。

1949年12月，第四野战军进驻雷州半岛及沿海地区。我们驻扎在离海南岛最近的湛江，并开始征集船只、动员船工，对部队进行政治动员、开展战术技术训练等战前准备工作。渡海作战，对渡海兵团来说是一个新课题。和往常不同，我们过去在陆地上打仗，现在是在海上，而北方士兵大部分不会游泳，不谙水性。我们用三节竹筒捆绑成三脚架，把它套在腰部，通常一个大浪打过来，我们就底朝天了，也不知道喝了多少海水，才学会了游泳。打仗的时候，掌舵不能靠船老大，要由我们的战士掌舵把帆。所以，我们还学会了“见风使舵”的本领，并掌握了开船的技巧。

雷州本是一个很穷的小地方，突然间增加了这么多的部队，粮食供给一时成了个难题。食品采购有困难，个把月都没有蔬菜吃，很多同志得了夜盲症，我也是其中一个，到晚上什么都看不清。但是战士们没有被困难吓倒，依然继续坚持练兵。

在海上练兵是很紧张的，也是很危险的。一次在海上碰到敌人的军舰，远远的他们就问：“干什么的？”我们常常谎称是打鱼的，当敌人靠近我们的船时，我们先扔出手榴弹，然后，轻重机枪一起开火，射向敌人。敌人的军舰在炮火中狼狈逃窜。第四十三军党委对我们用木船打军舰的典型事例进行了广泛宣传，增强了部队渡海作战的信心和勇气。我们的练兵就是在边练边打的情况下进行的。

1950年3月5日和10日，第四十军、第四十三军先后各以一个加强营共一千八百余人，乘木帆船三十四只，利用黑夜刮北风的有利条件和敌人海岸线

兵力分散的弱点，实行首批渡海。在琼崖纵队的接应下，渡海获得成功。3月26日和31日，第四十军、第四十三军先后又各以一个加强团共六千六百余人，乘船一百六十九只，实行第二批渡海，被岛上守军发现后，渡海部队以大无畏的英雄气概，有进无退，顽强战斗。除少数船只被击沉，少数人员伤亡外，渡海亦获得成功。两批过渡部队共八千余人，大大增强了岛上我军的接应力量，为主力部队强渡琼州海峡创造了有利条件。

4月16日，渡海战役打响了。那天下午，部队准备上船了，可当时我重病在身，高烧好几天不退，后来听战友说我好几天没有吃饭了。部队出发前我突然清醒，看到周围没有几个人，就问旁边的人，其他战士都去哪儿了，他们说都上船了，今晚就要渡海作战。我不知哪里来的精神，一口气跑到船上，要求参战。首长看着我，劝我回去休息，说打仗的过程中没有人能照顾我。我说我要参加战斗，死也要死在海南岛。他们看说服不了我就同意我参战了，并发给我两袋饼干、一个装满淡水的竹筒。途中，担负护航任务的火力船对国民党军军舰的拦截实施猛烈射击，有力地掩护了主力部队航渡。至17日4时许，渡海部队终于突破敌人海上封锁，在琼崖纵队和先期登陆部队的接应下，分别在博浦港、玉包港一线抢滩登陆。我们连登陆的地点是荣山一带。经过老城、白莲的时候，我们师的先锋部队和国民党的军官教导团在这里打了一仗，当时天还没有亮，敌人的伤员还没抬走，有一排部队进入我们的队伍，过了一阵子，天渐渐亮了，才发现这是国民党杂牌军，被我们当场俘虏。

这天中午到达金江，吃饭的时候，看到许多琼崖纵队的同志衣衫褴褛，还有些同志光着脚没有鞋子穿。我看了心里感觉很钦佩和感动，也有点心酸。

也不知是打仗时高度紧张还是别的什么原因，我病全好了，一身轻松。四月的海南岛天气已经热了，我们登陆的地区是西线，属于缺水的地区，天气很热，又没有水喝，很多战士中暑了，行军途中，纷纷掉队。我就帮生病的战友们扛枪，多的时候身上扛着三四支枪。我还到处为大家伙找水源，解决喝水的问题。到了宿营地，我抢着担水煮饭，照顾病号，受到了战友的赞扬。我也不知道哪来的一股子劲儿，总觉得心里有股暖流在支撑和鼓舞着我。

人民解放军强渡琼州海峡成功后，4月23日，海口市获得解放。随后，渡海兵团第二梯队五个团登陆成功，会同岛上部队兵分三路，猛追南撤之敌。4月30日占领榆林、三亚，把五星红旗插到了天涯海角。5月1日占领北黎、八所。至此，海南岛全境解放。部队回金江搞战评总结，我们连队得到一面绣有“英勇冲杀”的锦旗。同志们一致同意给我记一大功，后来报到师部，上级考虑到一个重病的战士力争参战，而且表现突出，决定给我记两大功，并授予我“渡海模范”的光荣称号，我感到很自豪!

回顾往事，我从一个小兵成长为老兵，从北打到南，经历了多次生死的考验。现在，我依然健在，而且生活得很好。我要尽情地享受这美好的生活，多给儿孙们讲讲我的战斗故事，弘扬爱国主义精神。

（本文选自《琼崖红色记忆》）

怀念潜伏英雄徐仲航

文 / 阎明复

徐仲航（1909—1976 年），中共党员。1937 年 4 月，阎宝航等在上海八仙桥成立"东北抗日救亡总会"，受中共中央南方局领导。徐仲航长期参加"东总"的活动。同时，徐仲航又是中央特科一个地下情报组的负责人，其成员之一沈安娜同志一直打进到国民政府军事委员会的机要部门任机要书记，得以参加国民党的高级军政会议，是中共情报史上最重要的情报员之一。

"东总"的急先锋

徐叔和我父亲阎宝航是同乡，都是辽宁海城人，中共党员。1937 年全面抗战爆发后，东北流亡关内的革命志士根据周恩来的指示，在中共南方局的领导下，成立"东北抗日救亡总会"（简称"东总"），团结各界东北同胞和团体，积极开展抗日救亡活动。从那时起，徐叔就开始参加"东总"的抗日救亡工作。在重庆时期，父亲是"东总"的常务执行委员，并负责救济委员会的工作。刘澜波、于毅夫撤到延安后，南方局决定让徐仲航参加"东总"的党组，同时负责中央特科一个地下情报组的工作。打进国民政府军事委员会机要部门的速记员沈安娜，正是徐仲航情报小组的成员之一。

抗战期间的"阎家老店"（重庆村 17 号我父亲家），是中共党员和"东总"在重庆的重要活动场所。周副主席经常在阎家小客厅开会，布置工作。那时，徐叔也常常来我家参加各种活动。这样，徐叔就同时介入了两条重要的情报线：一方面领导他的情报小组开展工作，另一方面也参与阎宝航情报组的活动。徐叔给我最鲜明的印象就是，他从不知疲倦，不怕艰险，样样事情都往积极的方面去想，冒险的事总是抢着去承担，以满腔热忱投入东北救亡和民族解放事业中。在他那张东北人典型的四方大脸上，始终保持着昂扬的斗志和乐观主义的精神。

别看徐叔平时大大咧咧，但执行地下工作的纪律和保密原则却是十分认真的。不该问的一句也不多问，不该说的即使是至亲好友也不会吐露一个字。就拿我父亲与沈安娜的关系来说，尽管父亲和沈安娜相当熟识，徐叔也跟我父亲关系走得很近，但徐叔从未向父亲透露过沈安娜的底牌。我父亲早就熟悉"沈小姐"，在他的眼里，这位国民党中央党部的速记员"温婉文静，颇有大家风范"。沈安娜自然也认识"阎老"，但在她心目中，父亲是国民政府中央赈济委员会的大佬，“很潇洒，跳起舞来风度翩翩”。相逢笑迎，并不知道彼此都是同一营垒的战友。然而，重庆社会的人际关系错综复杂，徐叔尽管如此谨慎，厄运还是降临到了他头上。

突然被捕惊动周副主席

1942年8月的一天，我放学回来，感到家里气氛异常沉闷，大人们的脸上流露出从未有过的焦虑。原来近几天徐仲航、李羽军和孙复启接二连三地都被抓起来了。他们三人分别被关押在渣滓洞监狱。孙复启经不住毒打，叛变了，“东总”的事他都讲了出去。但他不是党员，知道的秘密很少，他的叛变不会有实质性影响。他变节的消息传来，使渣滓洞里的情况变得复杂难料。与徐仲航先后被捕的李羽军，公开身份是中法比瑞文化协会秘书长，在敌人的酷刑下，他很顽强，直到被打得吐血而亡。现在特务们全部的希望都集中在徐仲航一个人身上。作为“东总”地下党党组成员之一，徐仲航知道父亲是特别党员，掌握重庆村17号里的很多秘密。大家担心他一旦抗不住酷刑，一场浩劫随时就会到来。联系到以前南方局出事的严重后果，父亲陷入巨大的矛盾和焦虑之中。

深夜，周副主席匆匆赶来重庆村17号商量对策，要求父亲尽快布置撤退。父亲沉思片刻说：“我负责情报工作，我不能走。”如果他撤退，他领导的情报系统将会顷刻瓦解，大家辛辛苦苦打下的基础都将前功尽弃。他当即安排有关人员转移，而他本人则毅然决然地坚守下来。当时还有个最不利的情况，有人跟我父亲讲：“徐仲航在背后说过你的坏话，对你不满。”其实是在“东总”的活动中，徐叔总是主张放开手脚，轰轰烈烈大干，和我父亲强调保持谨慎的意见常常不合。父亲说：“这个不要再考虑了，徐仲航不是那样的人，不会出卖我。”当时大家商定，还是应密切关注徐仲航在监狱里的表现。

徐叔被捕，使沈安娜的安全直接受到威胁。可以说，这是她“潜伏敌营”以来遭遇的一次最严重的危机。徐叔是沈安娜的直接领导，他要招供，恐怕吐出来的第一个名字就是沈安娜。平时徐叔对他们夫妇的关怀无微不至，沈安娜有痨病，徐仲航四处托关系买“雷米封”为她治疗。当时，徐叔的公开身份是国民党官方出版社正中书局管理处的处长，为了更好地掩护，前些时候还托沈安娜和丈夫华明之的关系刚刚加入国民党，办了“特别党证”。特别是近两天，沈安娜已和他约好时间，可他却没来联系。徐叔突然“失踪”，情急之下，沈安娜发了一封信到徐叔的工作单位正中书局试探情况，说孩子有病，想跟他借钱。

特务很快就来找沈安娜的麻烦了。一天，办公室一位新来的“职员”突然从外边回来，走近沈安娜的桌旁，连喊“徐仲航被枪毙了，徐仲航被枪毙了”，显然是要观察沈安娜的反应。接着，中央党部财务处长（兼正中书局董事长）就“特别党证”的事又找沈安娜正式谈话，开口就问：“你了解徐仲航吗？他是共产党！”面对这一切，沈安娜处变不惊，一一搪塞过去。但事后仍不放心，暗中静观其变。那段时间也是沈安娜夫妇一生中最紧张、最痛苦的日子。隔壁就是宪兵队的牢笼，凄惨的叫声不绝于耳，受刑的人中没准就有徐仲航。此时，他俩的安危，就系于徐仲航的唇齿之间。

酷刑之下的铮铮铁骨

在军统的牢狱里，徐叔遭受到种种酷刑：老虎凳、烙铁烧、灌辣椒水、电击……在一次次这样的严刑拷打下，他已经体无完肤，但他毅然决然，视死如归，坚持斗争，毫不动摇，始终没有说出党的秘密。他用东北汉子的铮铮铁骨，使整个危机不至于演变成为一场灭顶之灾。一连十几天过去了，沈安娜还能拥着孩儿睡觉，并继续栖身敌营，以机要速记员的身份列席一系列最高级别的会议，记下蒋介石和国民党高官的绝密讲话，这些情报使延安能及时了解国民政府高层的动向，为党中央制定战略部署提供了重要的决策依据。隐蔽战线的奇功是不可磨灭的。没有像徐仲航这样酷刑下的坚守，没有沈安娜这样的谍报工作，我们的生存发展，乃至最终取得革命胜利，都将变得极为困难。

沈安娜

国民党高官出面营救

时间一天天过去，酷刑几乎用尽，但负责审讯徐仲航的特务仍然一无所获。正当他们气急败坏的时候，突然一纸放人的命令出现在他们眼前。

原来，自从徐叔被捕后，父亲一直在找关系，多方斡旋。他想起曾任张学良将军秘书的王化一。王叔当时身为军统少将，他想了解渣滓洞里的情况顺理成章。但那时王叔并不知道老朋友阎宝航的真实身份。在王化一的帮助下，父亲密切关注着渣滓洞里的动向，了解到徐叔的受刑过程，心里很不是滋味，希望尽早能把他营救出来。

当时，要让渣滓洞放出一个人来是极其困难的。在当时的国民党高官里李济深德高望重，时任国民政府战地动员委员会主席，也算是父亲的好友。王叔建议父亲去找他。父亲找到李济深，跟他说：“徐仲航是我老乡，跟我在‘东总’多年，忙的都是抗日这些事儿，他怎么会是坏人呢？他们恐怕是抓错人了。”在父亲的再三请求下，李济深终于拨通了戴笠的电话，跟他商量，如果没什么大问题，是不是可以先放人，由阎宝航做担保。戴笠从徐仲航那里什么也没榨出来，正要找台阶下，便勉强答应了。

父亲把徐叔保出来了。但保出来之后住哪儿呢？徐叔一直没结婚，没有家，后来母亲说就接到这儿来吧。接回家里，我凑上去看了一眼，被吓坏了，转身就跑。特务用竹竿把他的肋条骨之间的肉皮全都给挑掉了，遍体鳞伤，没有个人样儿。但他真是条好汉，一句话都没说，保全了组织。

劫后淡泊度余年

中华人民共和国成立后，徐仲航先后任东北农学院教授和北京经济学院教授，1961 年 7 月被任命为国务院参事，为国家的教育事业默默奉献，过着平平淡淡的生活。“文革”浩劫中，徐叔和多数地下工作者一样，也未能幸免于难，和我父亲一样被打成“东北反党集团成员”，还带着叛徒的罪名，被长时间关押在牢房里。我急切地想了解其他亲朋好友的下落，想找到徐叔。从大的方面来说，由于他的坚守保全了两个重要的情报组；从私交感情来说，我们作为阎宝航的儿女一直感恩于他在白色恐怖下保全了我们全家人的性命。

经多方打听，我居然在北京东城找到了徐叔。当时，他栖身于史家胡同附近的一条死胡同里，那里原来是中直机关的俱乐部，“文革”期间是中办专案组所在地。在胡同的尽头，有一间木板房，是人工搭建的防震棚。徐叔的“家”就安在这里。我去看他时，木板房里只有一张行军床和放满了各种书籍的几排书架。他看上去有些苍老，但见到我仍然神采奕奕，笑容满面。

那次去看望徐叔，谈得不多。心想以后形势好转了，会有很多机会见面的，于是只是稍坐了一会儿，我就和徐叔告别了。不承想这竟是最后一次看见徐叔。

1976 年 12 月 7 日，徐仲航去世了，年仅六十七岁，骨灰暂时存放在老山骨灰堂。由于还没落实政策，他也没有单位，临终时也没人通知我们。直到 1979 年骨灰被重新安放于八宝山革命公墓，我才知道他早已不在人世了。我为没能和他做最后的告别而深感遗憾。

（本文选自《中国老年报》）

我的父亲仉鸿印

文/仉桂馨

我的父亲仉鸿印戎马一生，为中华民族的解放和中华人民共和国的建立贡献了他毕生的精力。他是乡亲们心目中的民族英雄。在家乡流传着许多关于父亲足智多谋，英勇善战，抗击日军和消灭顽固派的动人故事。

青少年时代

父亲仉鸿印1900年生于河北省盐山县仉小庄。家有二百多亩土地，几辆大车和一辆骡拉轿车。祖父仉文阁是教书先生。春种秋收，家务管理由叔祖父仉禄阁操持。祖上是一个殷实小康的书香门第。

父亲自幼跟随祖父读书。他聪明机敏，深得家人的喜爱。祖父常常以“忠、孝、节、义、仁、智、礼、信”教育孩子们。父亲最爱听他讲义和团的故事。“做人，就要做像义和团那样顶天立地的中国人”的信念深深地印在他幼小的心灵里。

父亲曾在山东惠民中学读书，后转学到山东济南府中学学习。1919年，第一次世界大战之后，在法国巴黎和会上，帝国主义列强拒绝中国代表所提出的取消

"二十一条"。废除日本在山东的特权等正义要求。卑弱的北洋军阀政府竟然准备在巴黎和约上签字。消息传来，激起了全国人民的强烈愤怒，爆发了震惊中外的五四爱国运动。爱国浪潮很快波及济南。父亲和爱国师生一道走上街头，游行示威。他走在游行队伍的最前列，高呼"废除二十一条"、"外争国权，内惩国贼"、"还我山东"等口号，因而被迫退学，回家务农。

父亲善骑术，喜欢喂马，甩响鞭子赶马车，是个熟练的车把式。他乐善好施，济老怜贫。他自己花钱买义牛，专供无畜户使用。有一年闹春荒，他看到有的穷人家一时揭不开锅，等到麦子熟了的时候，他便悄悄地告诉人家："我家麦子熟了，你们乘着月光去收些粮食吧，以解暂时饥荒。"乡亲们都亲切地称他"善财童子"。

仉鸿印

父亲富有正义感。他喜爱《水浒传》中那些路见不平拔刀相助的英雄好汉。一次，邻村一户贫苦人家，受恶人欺压，向他述说了冤屈。他了解情况后，竟然拿出自己的钱，帮助这家打赢了官司。此事很快在四邻八乡传开。父亲深得众望，乡亲们公推他到乡里办公，乡址设在十四户村。

1935年，到处兵荒马乱。为防备兵匪骚扰，保护乡亲们的安全，父亲组织起"守望队"，亦称"保卫团"。他对团丁训练有方，"保卫团"颇有战斗力。他们善骑毛驴，常常骑着毛驴袭击土匪。由于毛驴每到一个村庄总要甩甩尾巴叫上几声，这样很容易暴露目标。父亲命令部队在驴尾巴上拴上一个秤砣，毛驴甩不动尾巴，也就不再叫了。他们的战斗常常大获全胜，使土匪不敢骚扰当地百姓。父亲不但有勇有谋，又非常讲义气，打土匪夺得浮财，经常分给穷苦百姓。

抗日烽火

1937年7月7日，卢沟桥的炮声揭开了日本军国主义全面侵华战争的罪恶历史。由于国民党政府抵抗不力，京津沦陷，华北危机，中华民族到了最危险的时候。中国共产党发表了抗日救国十大纲领，号召全国人民实行总动员，"为保卫京津，保卫华北，保卫全中国而血战到底！"、"驱逐日本帝国主义出中国！"每个不愿做亡国奴的中国人，都准备用自己的血肉之躯，来捍卫国家独立，挽救民族危亡。

1937年7月，在中国共产党冀鲁边区地下党的领导下，成立了"华北民众抗日救国会"，11月又成立了"抗日救国军三十一游击支队"。各种抗日队伍，像雨后春笋一样，蓬勃发展。1938年9月八路军一一五师任命萧华同志为冀鲁边军区司令员兼政委，率东进抗日挺进纵队进驻冀鲁大地，领导冀鲁边人民的抗日斗争。至此，冀鲁边在共产党中央和八路军总部的领导下，燃起了抗日救亡的熊熊烈火。

七七事变后，日军攻陷京津，占领沧州，南犯盐山。国民党四十军向南溃

退了，沧州专员跑了，盐山县县长逃了。看到这些，父亲义愤填膺。他向保卫团团丁们说：“东洋鬼子已欺负到我们的家门口了。我们要像当年义和团对付八国联军那样，和东洋鬼子拼到底！决不做亡国奴。他们跑了，我们干！”父亲率众抗日的消息传出后，乡亲们奔走相告：“要抗日，找仉鸿印去！”有的出钱，有的出粮，还有的人带着枪报名参加抗日，很快就拉起了两百多人的抗日队伍。父亲带领这支队伍，依靠当地乡亲的帮助，凭着他们对当地熟悉的优势，和日伪周旋，寻找机会，出奇制胜地消灭敌人。但是他们毕竟势单力薄，只在徐村、上梁、下梁一带活动，没有一定的立足之地，深感只有联合所有抗日力量才能取胜。

1938年4月，在他们最困难的时候，救国军三十一游击支队三路指挥杜步舟给父亲写了一封信。信中写道：

仉鸿印先生钧鉴：

日寇犯我中华，全国同胞义愤填膺，在共产党、毛主席领导下，揭竿而起，抵御日寇之侵略。先生率众抗日，乃血性男儿之义举，但终因众寡不敌，方向不明，难以取胜。我们热忱地吁请你和我们同舟共济，协力抗敌，以达到保卫国土，战胜日寇之目的。否则，孤军苦斗，必遭覆亡，那时将嗟悔无及。

抗日救国军三十一支队第三路指挥杜步舟

父亲阅读来信后，思绪万千。想到三十一支队的战斗历程，打盐山，攻无棣，破庆云，占乐陵，打破了“日军不可战胜”的神话。他们才是真正保家卫国，抗日的正义之师，代表着中华民族的希望。杜指挥一片关心爱护的诚意，跃然纸上。经反复考虑，最后认识到，只有跟着中国共产党走，才能走向光明大道，遂毅然下定决心，投奔共产党八路军。他连夜召集部队的几个头目开会，说明自己的想法。没想到他们之间发生了激烈的争论。多数人同意他的意见，另有一个副队长表示反对，公开声称日本兵力强大，投靠日本才是出路。没等他说完，父亲拍案而起怒斥道：“本以为你是条男子汉，却原来是一个卖国求荣的败类……”争吵声惊动了里屋的祖父。老人问明了缘由后说：“现在只有两条路。一条是投奔共产党，打日本；另一条路就是当汉奸；你们要是投日本，咱仉小庄没有你们这号人。我们不能替你们披汉奸的皮。何去何从，你们自己决定。”“我们坚决跟共产党走！有不愿意的，走你自己的路。”父亲最后斩钉截铁地说。

1938年5月，父亲率领两百多人，带一挺重机枪，一挺轻机枪，一百多支步枪，参加了八路军。这支队伍被改编为三十一游击支队二路指挥七连，父亲任连长。

1938年9月，萧华司令员率一一五师东进抗日挺进纵队进驻冀鲁边区，三十一游击支队改编为一一五师东进抗日挺进纵队第六支队。父亲任七团副团长兼二营营长。他带着二营，活动在津南各县。

同年，父亲推荐他的胞弟仉鸿翰（现名仉翰），参加八路军东进抗日挺进纵队司令部在乐陵举办的干训班学习。从此，我叔叔也走上了革命道路。

站稳“冀鲁边”

1938年10月，国民党山东省主席沈鸿烈为逃避日军“扫荡”，从鲁西聊城逃窜到鲁北惠民。他不敢和日军作战，却推行蒋介石消极抗日，积极“反共”的政策，企图把我挺进纵队赶出冀鲁边。为了团结抗日，不同国民党正面交锋，我军准备退入津南。但沈鸿烈于年底又和国民党河北省主席鹿钟麟串通搞所谓“冀鲁联防”，企图将年轻的抗日挺进纵队置于死地。他们收买了盘踞在盐山四区大赵村、苏基村一带的反动民团头子孙仲文，反对八路军，侵吞我津南根据地。孙仲文杀害了鲁南行政公署第六督察专员公署专员杨靖远同志，气焰十分嚣张。第六支队周贯五政委主动向萧华同志请战，为了在冀鲁边区站稳脚跟，必须消灭这股反动势力。他带领六支队七团迅速离开乐陵，连夜开赴盐山，走到离大赵村一里多路的地方，将队形摆成三路纵队。他率一个营居中；团长李子英带一个营为左翼；父亲带领二营为右翼，齐头并进。

寒冬腊月，北风呼啸。队伍乘着黎明前的黑暗摸索前进。一到大赵村前，三路人马将大赵村团团围住，一起向孙仲文部发起强攻。机枪声、手榴弹声响成一片。孙仲文的队伍还都在睡大觉，糊里糊涂，负隅顽抗，但终抵挡不住我主力部队的进攻，转眼间，大赵村即被攻破。孙部残余人马大半缴械投降，少数企图负隅顽抗的全部被消灭。孙仲文这个狡猾的家伙，化装后从地道逃走了。消灭了孙部以后，我军在盐山第四区设立了抗日政府，建立了渤海沿岸的新海县（今黄骅市）抗日政权。至此，沈鸿烈和鹿钟麟的“冀鲁联防”宣告破产，挺进纵队在冀鲁边站稳了脚跟。

在战斗中父亲英勇善战，不怕牺牲，经过了严峻的战火考验，光荣地参加了中国共产党。从此，他更加自觉地为民族解放和共产主义事业而奋斗。

韩集伏击战

1939年1月，日军第五师团、第二十七师团、第一一四师团各一部，共计两万多兵力，由沧州、德州、济南三地出发，向我盐山、庆云、乐陵一带抗日中心区分进合击。敌人一面“扫荡”，一面占领县城，修公路，筑碉堡，步步进逼，企图消灭冀鲁边我挺进纵队主力。为了避敌锋芒，纵队撤出了乐陵城，与敌人迂回周旋，寻机打击，消灭孤立和分散的敌人。这时父亲率七团二营，活动在沧县、盐山、乐陵一带。由于他长期在这一带活动，有深厚的群众基础。各村里都有他的耳目，敌人的一举一动，都有人向他送情报。

一天傍晚，父亲正和战士们在河边拉家常，忽然有一个五十多岁的庄户人跑来，把父亲叫到一旁，向他报告说，王雅清从敌人的闲谈中得知，住在盐山城的日军，西村中队两百多人，抓了六十多辆大车，准备第二天到旧县镇安据点。王雅清是我们安插在盐山县伪商会的内线。他得此消息后，赶紧找个借口溜出城外，派人把情报送来。父亲一听，喜出望外，骑上他那匹红鬃马，飞驰到旧县的一个村里，赶紧向周贯五政委报告。周政委马上派人把支队其他领导同志和七团的干部叫来，紧急商量：打，还是不打？

干部和战士们早就憋着一股劲，准备和敌人干一仗，为乡亲们报仇。于是大家认真分析了最近几天的敌情，认为周围一带的敌军不多，这股敌人孤军深入，又拖着几十辆大车的物资，包袱很重。我们集中兵力打他个伏击战，消灭

这股敌人还是有把握的。所以大家几乎异口同声地说："好机会，打吧！"

大家选定韩集附近为伏击地点。韩集位于盐山县城到旧县镇这条公路的东侧，北距盐山三十里，南距旧县十里，是从盐山到旧县的必经之地。韩集是个大镇，镇子里院深墙高，镇外又有土围子，便于狙击敌人。它的周围还有马杯家、韩沙州等几个村庄和一片树林，易于隐蔽。韩集附近确实是打埋伏的好地方。会上决定，支队战斗指挥部隐蔽在韩集西边的韩沙州村，前线由七团副团长仇鸿印和政委陈德负责指挥。

吃过晚饭后，参战的七团和支队警卫连战士集结完毕，等待出发。这时天气很冷，尖厉的北风呼啸着从头顶上吹过。灰土、草末、细沙粒打在脸上，针扎似的疼痛。但是，部队静静地站在月光下一动不动。

周政委看着眼前的部队，就像是用钢铁铸成的一群塑像。他激动地大声说："同志们！日本鬼子在我们边区横行霸道，残害了我们多少兄弟姐妹，毁坏了我们多少房屋、庄稼，这口苦水能够吞下去吗？不能！今天报仇的机会到了。这次战斗，是我们六支队第一次大规模地同鬼子较量，全区军民都在看着我们，我们一定要打出威风，来一个旗开得胜，将西村中队两百多鬼子全部吃掉！"

部队士气非常高昂，一个个摩拳擦掌，在父亲和陈德同志的率领下，雄赳赳气昂昂地出发了。

部队赶到韩集后，父亲和陈德政委带着连以上干部连夜察看地形，决定将公路南头拦腰挖断，在公路东西两侧和南头三面构筑工事，等敌人一进入伏击圈就收拢口袋，关门打狗。于是，部队连夜挖沟，修筑工事，利用寨墙和天然道沟，构成一道道火力网。父亲又把十连连长左庆甲等人找来，指着眼前的公路说："你们负责的这一带很重要，公路边上多掘一些坑。"左庆甲不解地问："挖坑干吗？"父亲附在左庆甲的耳边说了几句。左庆甲听了笑着说："妙，真是个绝招！"他赶忙回去照计布置。快到天明的时候，公路两旁已经布满了许多参差不齐、有深有浅的坑。

第二天凌晨，部队早早地吃过饭，进入工事，等待伏击敌人。太阳出来了，村寨、树林、公路都清晰地展现在眼前。公路像条银链，蜿蜒地伸向远方。远处白杨、桦树、椿树组成的林带把闪耀着白光的公路夹在当中……

太阳慢慢地爬高了，还不见敌人的影子。有个战士揉着睁酸了的眼睛，嘀嘀咕咕地说："都要等出汗来了，鬼子怎么还不来？"旁边的一些战士也议论起来："怕不会来了吧？""会不会走漏了风声？""不会吧！咱们不是封锁要道了吗？"陈德同志看了看太阳，安慰大家说："鬼子会来的，咱叫他来，他能不来吗？大家先起来活动活动腿脚，别冻坏了误事。这样像望新娘一样，眼巴巴地瞪着，不要害了相思病哟！"一番话把大家都逗笑了，部队的情绪又高涨起来。

这时，太阳已经有两竿子高了。有人突然紧张地低声叫了起来："来了来了！看，鬼子的尖兵！"远处的公路上，一队日军的尖兵挑着膏药旗，大摇大摆地走来。他们的后边，日军的大队人马缓缓走来。六七十辆骡马大车，满载着武器、弹药、粮秣、被服和医疗器材，哩哩啦啦地拖了足足两里多长。近了，近了，听到了咣当咣当的大车响了。日军的队伍穿梭在车辆的行列中，神气活现地行进着。他们做梦也没想到，八路军会在这里打埋伏。

敌人全部进入了我们的包围圈。前线指挥部一声令下，埋伏在公路两侧和南面的战士一齐猛烈开火，子弹飞蝗般地射向敌群。埋伏在西头的一个连队见前边打响，赶紧收拢袋口，朝敌人背后开起火来。敌人冷不防遭到这样突如其来的打击，当即死伤过半。活着的哇哇乱叫，有往大车下钻的，有来回跑的，有乱打枪的，像受惊的野马，乱成一团。

被强抓来的大车夫一听见枪声，知道八路军来了，喜得撇下牲口，一哄而散。那些骡马，有的撒缰乱窜，有的中弹倒下挣扎，有的仍套在车上，惊恐地萧萧悲鸣。一时间，公路两旁，车马乱奔，尘土飞扬；人叫马嘶，喊声一片。

日军见民夫、骡马都跑散了，气红了眼，在后面叽里呱啦地大叫。一个日军头目伏在地上，举着手枪乱嚷，被我支队手枪队队长石长海看见了，他瞄也不瞄，抬手一枪，把那日本头目的手给打断了。当他又抬起头的时候，石长海又是一枪："叫你见日本老娘去吧！"那日本头目挨了两枪，躺在地上一动也不动了。

经过一阵混乱，日军慢慢冷静下来，开始有组织地向我阵地还击。机枪、步枪子弹刮风般扫过来，炮弹落在我军阵地上。部队开始有了伤亡，战斗渐渐地形成了胶着状态。

周政委在支队指挥部里听到这个情况，也带着人赶往伏击阵地。这时快到正午了，太阳照在头顶上，使人微微感到暖意。到了韩集村边，只见阵地上成群结队地来了许多当地群众，大都是青年，扛着土枪土炮，要求参战打日本人。也有些妇女和老大爷在忙着运送伤员、包扎伤口，把烙饼、馒头、玉米饼、窝窝头分送到战士们手里……有个老大爷一只手拄着拐杖，一只手拍着一个战士的肩膀说："打鬼子我是不行了，看着你们打，心里也痛快！吃吧，吃饱了，再好好教训他们！"那个战士吃着热腾腾的馒头，应了声："好哇。"

周政委在一旁看着这军民并肩战斗的场面，心里非常激动，便走上前拉着老大爷的手说："大爷！你放心吧，鬼子一个也跑不了。"老大爷高兴地笑了。这时，父亲跑过来，将政委带进指挥所，把战斗情况简单地说了一遍："鬼子组织了几次小型冲锋，都被我们打垮了，现在龟缩在约半里路长的一段公路上。我们昨天晚上在公路边挖的坑，正在发挥作用。鬼子因为无处藏身，急得像猴子似的直往坑里跳。有些坑里我们事先安放了地雷，小鬼子跳进去就上不来了。另一些坑虽然没有地雷，可是挖得很浅，鬼子跳下去伏在坑沿还击，就把小半个身子探出外头，正好暴露在我们的枪口下。还有，我们土制的'马尾炸弹'，这时也正在发挥威力。"

支队作战参谋王寰清提过来一副望远镜，领着周政委到一个墙洞前说："政委，你往这看。"政委看见，敌人正趴在坑边上顽抗，但把身子探出太多，纷纷被我军击中，滚进坑里。我们阵地上还不时抛出一个个炸弹，带着"马尾"晃晃悠悠地摇曳着，落进藏着敌人的坑里。只听爆炸声接连响起，腾起一股股烟柱，把日军炸得鬼哭狼嚎。

"好啊！打得好！这主意不错！"周政委高兴地对父亲说。父亲说："这炸

弹比迫击炮还管用，往这种坑里丢最好不过。”政委笑了笑说：“你老仉还真有几下子！”父亲不好意思地笑了笑。政委接着又说：“我们不能光打，还要来个政治攻势。”父亲正打算下达命令，陈德同志一阵风似的闯了进来，一进门就说：“同志们情绪很高，鬼子快要全部完蛋了。”父亲把周政委的意思一说，陈德一推帽子说：“行，营长杨柳新就会喊几句日语。我去找他。”说罢又一阵风似的冲出门去了。父亲望着他的背影，深有感触地说：“陈政委平日里那样文静，打起仗来却像老虎。”不一会，阵地上枪声骤停，有人用日语高声喊。王寰清高兴得差一点跳起来：“杨营长，这是杨营长的声音！”紧接着，四面阵地上的战士们都大声喊起来。

周政委抬头看了看太阳，估摸着已经是下午三四点钟了，而敌人对我军的喊话又无动于衷，就对父亲说：“怎么样？进攻吧，争取天黑前结束战斗！”“好吧。”父亲回头对司号员下令，“吹冲锋号，出击！”司号员举起军号，一扬脖子，吹起了雄壮的冲锋号。

“冲啊——”部队听到号令，高喊着冲向公路，排山倒海一样。附近的上千名群众，拿着土枪，木棍，铁锹，粪叉，也一齐冲上前去，犹如潮水般漫上公路。

敌人慌忙跳出坑来，三个一堆，五个一团，东窜西闯，企图冲过人海。部队、群众一齐拥上去，几个人、十几个人围着一个日本兵，用刀刺、用棍打、用枪托砸。公路上只听得刀声叮当和敌人倒下时的哀嚎。一个日本军官在三个日本兵的掩护下，企图向西突围，被支队警卫连长柳润亭带人围住。经过一阵肉搏，三个日本人都做了刀下鬼。日本军官也受了伤，他双手持刀，眼里射出凶光，正要冲上来拼命，不料横里飞来一柄粪叉，不偏不斜正好扎在他的头上。紧接着一把铁锹把他拦腰劈倒，又一把粪叉死死地扎在他的脖颈上。这个日本军官就这样翻白眼吐舌头，结束了侵略掠夺的罪恶生涯。后来查明，他就是西村中队长。

公路上和公路两旁躺满了敌人的尸体，步枪、掷弹筒遍地皆是。这里一堆，那里一群的围歼渐渐结束了，只有六七个敌人突出包围，向北逃窜。六、七两个连的战士远远地看见敌人跑了，大喊：“鬼子跑啦！”一齐猛追上去。沿途村镇的男女老幼也高声喊：“快追啊！追啊！鬼子跑不了啦，逮活的！”并用棍棒乱舞，砖头、瓦片乱扔，吓得敌人更加丧魂落魄，鼠窜而去。战士们一直追到盐山城下，见敌人快跑进南门了，这才无限惋惜地返回。

后来据城里群众报告说，这几个日本兵因为饿了一天，又猛跑了几十里路，刚进南门，就跌死了三个。

这时，夕阳西下，暮色渐起，天空开始昏暗起来。部队连夜组织群众清扫战场，并把几十辆大车交由车主们领回。战场上，武器、弹药、粮秣等物资这里一堆、那里一堆，像一座座小山。我军将被服、粮食分给当地群众，军械物资则连夜转移，以防日军主力赶来劫夺。

这次韩集伏击战，消灭了西村中队长和两百多个日本兵，并缴获了大量的战利品：掷弹筒四具、“三八”式步枪两百余支、弹药无数，大米、面粉、压扁的小麦三十车，军服、军毯、药品、医疗器材十多车，其他物资十几车。我军在战斗中也付出了代价，战士伤亡三十多人，父亲腿部受伤。接着，六支队机关和七团开往乐陵大桑树、官庄一带休整。那一带树林茂密，便于隐蔽，也便于运动作战。

沿途群众听说我军打了大胜仗，争相围观，问长问短。部队一住下，敲锣打鼓前来慰劳的乡亲们一批接一批，络绎不绝。青年们要求参军的情景更是感人，他们成群结队地前来报名。有许多十几岁的少年也成了我们部队的“小鬼”。

韩集这一仗，旗开得胜，首战告捷。它给边区和广大抗日军民有力的鼓舞，也给那些患“恐日病”，持“怀疑论”的人一次深刻的教育。它证明了八路军在广大的平原上，也能开展游击战争，并获得胜利，证明了毛主席号召开展平原游击战的指示是无比正确的。八路军副参谋长左权同志在这一年的年终总结中，讲到冀鲁边抗日根据地时说：“我年轻的挺进纵队，在这种艰苦的环境之下，一直坚持到现在，并未气馁，并且已取得了很多的胜利，尤其是韩集伏击战，更是平原战斗胜利的光辉战例。”

开辟抱犊崮根据地

日军回师“扫荡”我华北各根据地，增设据点、岗楼，向我根据地步步紧逼。国民党顽军和伪军也配合日军的进攻，蚕食我根据地。从1938年开始，边区又出现了三十年来没见过的特大旱灾和蝗虫灾。它给边区的巩固和发展带来了极大的困难。另一方面，我军在鲁南、鲁西和鲁西北的兵力不足。这三个地区，特别是鲁南是十分重要的战略要地。它是华北与华中的结合部，是华中平原、鲁西平原、冀鲁平原的依托。只有建立鲁南山区根据地，八路军才能坚持山东的长期抗日斗争，才能打通我太行山八路军总部与山东各抗日根据地及苏北新四军的联系。因此，八路军总部和一一五师命令我挺进纵队主力调出冀鲁边，一部开往鲁南，一部开往鲁西、鲁西北。

1939年5月，父亲和团长李子英率六支队七团跟随周贯五政委经鲁西开赴鲁南。他们三千多人在曾国华的五支队掩护下，穿过津浦铁路，经茌平，在东阿和平阴县之间渡过黄河，到达肥城以西的南尚仁一带山区，与孙继先的四支队接上了头，不久见到了一一五师陈光代师长。

5月10日，日军驻山东最高指挥官、第十二军司令尾高龟藏调集日伪军八千余人，将八路军一一五师、山东纵队第六支队、津浦支队、冀鲁边第七团以及地方党政机关共五千余人团团包围在肥城以西陆房地区。

陆房及其附近是一块有十余个村庄，纵横不足十公里的小盆地，周围是山。我军第六八六团第一营防守在西南的岈山及其以北地区；第二营防守在西面滑石峪和肥柱山地区；津浦支队和师特务营防守北面凤凰山和狼山；团特务营守东北面东山岭；津浦支队二团二营守东面蛤蟆山和常山；冀鲁边七团防守东南面的鸠山、琵琶山、望鲁山和赵家村地区。

5月11日拂晓，三颗信号弹刺破了天空。日军众炮轰鸣，向我军阵地发起进攻。在硝烟弥漫之中，黑压压的日本兵打着太阳旗，在炮火掩护下向岈山、肥柱山和我军其他阵地涌来。岈山阵地，六八六团第一营一连打退了三次进攻。

六八六团第二营在滑石峪阵地上连续四次击退敌人猛烈进攻，毙伤日军一百余人。津浦支队和师特务营击退敌军六次冲锋，给予敌人以重大杀伤。

冀鲁边七团所在的阵地鸠山、琵琶山和望鲁山位于陆房的东南面。这三座山都是三百到四百米高度不等的石头山。周政委召开干部会议，决定团长李子英带一营守鸠山，父亲带二营守琵琶山，三营守望鲁山。

父亲决定，五连、六连占据正面阵地，七连、八连守左右侧，以防敌人从两侧突入。由于长期和日军作战，父亲对敌人的战术十分了解。他命令战士们立即分散隐蔽，借助山石，修筑工事。每个班为自己准备两个掩体：一个在山顶制高点；一个在顶峰之后。凌晨，随着信号弹的升空，敌人的进攻开始了。父亲下令，战士们进入山后掩体。敌人开始炮击，炮弹像狂风暴雨一样在阵地上轰鸣，炸得碎石横飞。炮击结束了，战士们立即登上制高点，进入掩体。日军在机枪的掩护下，分兵三路海潮似的向我鸠山、琵琶山、望鲁山阵地猛扑过来。敌人顺着山坡往上爬。距离阵地只有几十米了，父亲喊了一声打，前面的日军随着枪声倒下，接着一阵手榴弹，炸的敌人血肉横飞。但日军有武士道精神支持着，他们并没有后退，还是拼命地往上冲。我军阵地上的四挺机枪怒吼起来，枪声、喊杀声响成一片。敌人纷纷滚下山崖，他们的冲锋被打了下去，接着又是炮火轰击，又是冲锋。战斗一直持续到正午，七团一共打退了敌人的六次冲锋。

下午3点，敌人集中全部炮火进行最猛烈的轰击，他们由轮番进攻变为集团冲锋，抢攻第六八六团控制的岈山、肥柱山阵地，企图夺取我阵地的最高点。六八六团指战员沉着指挥，身先士卒，奋勇杀敌，连续打退敌人九次疯狂的进攻，使敌遭受严重杀伤。在西北方向上，敌人曾一度突破我六八六团和津浦支队的接合部，逼近我师部。六八六团第二营、津浦支队八十余人密切配合，以坚决勇猛的反击，短兵相接的白刃格斗，将敌人全部击退。东南方向，敌人也一度在我长山和望鲁山之间，突破我军防线，进入孟家村，直接威胁师部安全。师部命令：津浦支队二团和冀鲁边七团各派一个排阻击敌人。周政委派冀鲁边威震敌胆的二营抽调一个排参加阻击战。津浦支队和二营的勇士们，一阵手榴弹，打乱了敌人的阵脚后，迅速冲入敌群和敌人展开了白刃战。在我两路军齐心合力配合下，击退了敌人，保住了阵地。

残酷激烈的血战整整持续了一天。敌人的尸体一片片地倒在我军的阵地前。我忠诚英勇的战士用鲜血和生命保卫了阵地。不屈的岈山、肥柱山以及陆房山区的每一个山头，仍然在炮火中屹立不倒。

黄昏降临，敌人已是精疲力竭，而且不习惯夜战，不得不收兵，准备第二天再战。我军则抓住时机，投入了突围的紧张准备。陈光代师长回到师部，决定22时开始分三路突围。由老乡宋大爷带路，于拂晓，八路军几千人奇迹般地从敌人的鼻子底下跳出了合围圈。

第二天一早，敌人重新发起总攻。炮火准备之后，敌军小心翼翼把整个村子搜了一遍，连一个八路军的人影也没有找到。尾高龟藏怎么也想不到，八路军竟然在他们的严密包围中，神秘地消失了。他十分沮丧地不得不下令日军撤回原来的驻地。

此次战斗，敌人自己承认伤亡一千二百人，其中包括一名大佐在内的五十多名军官，而我军的实际伤亡只有三百六十人。在陆房战斗中，八路军浴血奋战的大无畏精神振奋了全国，连蒋介石也打电报给八路军总部朱德、彭德怀，表示“殊堪嘉慰”，实际上承认了这次一一五师先斩后奏进驻山东的合法地位。

陆房突围后，部队继续南下，到泗水、平邑、新泰、蒙阴一带开展游击战争。进入该地区后，国民党顽固派秦启荣的特务大队就来挑衅，当即被我军击退。5月下旬八路军一一五师师直机关教导大队和冀鲁边区第六支队第七团进驻马家峪，收复了费县西北重镇仲村。

平邑县马家峪是我军进入沂蒙的第一站。6月6日七团又击退平邑、泗水据点前来进犯马家峪的日伪军五百余人。第二天，费县、兖州的日伪军前来增援，共千余人向马家峪进犯，再次被击退。8月初，我军离开马家峪，转战蒙山前杨谢、安靖一带。接着又打退了一千多日军和两千多伪军的进攻，于9月会合宁津六团、泰山支队，同师部率领的六八六团主力，开辟了抱犊崮根据地。

鲁南根据地的建立使沂蒙山区和鲁西平原两大块根据地连成一体，打通了太行山八路军总部与各根据地、华中区和新四军的联系，为抗日战争的大反攻做了准备。

1939年，中共北方局和一一五师师部发布嘉奖令道：六支队副政委周贯五，七团团长李子英、副团长仉鸿印、政委崔月楠率三千多人南下，开辟鲁南抗日根据地，战绩卓著。

组建津南支队

为了响应毛主席关于“扩大抗日武装，开展独立自主的游击战争”的号召，1939年9月的一天，周贯五政委向父亲和李恒泉同志宣布了党委的决定：“为了巩固冀鲁边区抗日根据地，扩大抗日武装，党委决定派你们返回冀鲁边区，组建津南支队，任命仉鸿印同志为副支队长，李恒泉同志为支队政委。”周政委接着说：“至于兵源和武器，要由你们回到边区后和当地军政负责人配合设法解决。”周政委炯炯有神的目光看着他们二位，像是在问有没有信心。他们两人对视了一下，异口同声地回答：“坚决执行党委决定。”

当他们辞别时，周政委把自己经常学习的毛主席《论持久战》一书拿出来，送给他们，并嘱托说：“你们这次任务很重，困难不少，要多学习。希望你们按照党中央、毛主席的教导，发动人民群众，组建抗日武装，胜利地完成任务。回去的路上，敌人封锁很严，一定要多加小心。”

父亲和李恒泉同志，怀揣着《论持久战》，每人背着一支匣子枪，仅带着一个通讯员和一名勤务兵上路了。他们披星戴月，风餐露宿，日夜兼程，在各地交通站的帮助下，穿过敌人一道又一道的封锁线，渡过黄河、徒骇河，很快回到了冀鲁边区。他们走到上梁村村头一家门前，轻轻地拍了几下门，一个五十多岁的老人出来开了门。老人一见父亲，激动地说：“老仉，你们可回来了，这次带来了多少人马？”“就我们几个人。”父亲指着李恒泉同志说：“这是津南支队的政委，我是副支队长，兵嘛，就地组织。”

“我家的老三算一个，上次让你们带着，你嫌小，现在可是一条汉子了，不信你瞧！”老人指一指正在炕上熟睡的老三。“这回一定收下他。”父亲说。

他们日夜奔波，却一点也不感到疲劳。这一夜，张大爷在他们睡觉的地方，铺上了很厚的柴草，但他们还是不能入睡。最后，他俩干脆凑近小油灯，读起了《论持久战》，读着读着，报晓鸡已经叫了三遍。他们用冷水洗了洗脸，便投入了组建津南支队的紧张工作。他俩首先在大桑树的一个村里，找到了津南地委书记马振华同志、八团政委陈德同志及其他领导同志。老同志们见了面格外亲热，互相问长问短。待大家坐下后，父亲首先向他们传达了党委决定：放手发动群众，扩大人民武装，组建津南支队，巩固冀鲁边区根据地。李恒泉政委做了一些补充，接着，马振华同志介绍了冀鲁边区在主力部队转移之后，日、伪、国民党顽固派不断蚕食我边区的严峻形势。同志们一致认为，党委的决定非常正确，完全符合边区的情况，都表示坚决支持组建津南支队的决定。陈德同志说：“六支队七团转移时，留下的两个连，由于战事频繁，没有及时补充，建制已经不全。为了尽快组建起津南支队，可以以这两个连为基础，迅速扩军。”在边区党、政、军组织的帮助下，父亲和李恒泉同志投入了发动群众的紧张战斗。

老仉来拉队伍的消息在附近很快传开了。青年们都踊跃报名参军，有的在寒冷的深夜背着行李，还有的自己带来了步枪和子弹。短短几天的时间，就已经组织起两百多人的队伍，不仅配齐了五、六两个连的建制，而且为新连队的

1950年仉鸿印去徐州警备区司令部参加军事会议

建立准备了条件。

由于父亲招兵的声势越来越大，县城里的日军、汉奸们也得到了风声，叫嚷着要消灭这支队伍。父亲考虑到队伍刚刚组建，编制不健全，战斗力较弱，决定暂时避开敌人，全军转移。队伍一夜就走出去九十多里，当早晨点名的时候，发现队部里多了个小孩。这孩子也不过十一二岁，那又干又黄的脸，显得那双眼睛特别大，特别有神。支队部的干事正在动员他赶紧回家去。父亲走过去，那孩子一把拉住他不放，说："支队长，收下我吧。"父亲一看，是上梁肖老汉的小儿子肖彬。他已经几次要求参军，因年龄小，没有收他，现在他又跟来了。这个又黄又瘦的孩子竟然跟着部队一夜走了近百里路。他从心里喜欢这个有骨气的孩子。他心想，是棵好苗子。但他仍然很严肃地说："打仗不是小孩捉迷藏，快回家吧，长大了再来参军。"但这孩子却有股子牛劲儿，说破嘴皮，他也不回去。最后父亲说："先让他留在支队部试试看吧。"这孩子一听支队长让他留下，便兴高采烈地奔向操场，参加部队操练去了。

群众积极支持抗日，兵员源源不断，一个多月的时间，已经建成五连、六连、七连，又将一个地方抗日武装收编为第八连，还有两支手枪队，共计三百多人的队伍。他们连续打了几个漂亮仗，从敌人手里夺来武器，装备自己。由于父亲善于组织队伍，一批批地向主力部队输送兵员，人们称他为"兵母子"，意思是说，他是个组织、输送兵员，充实人民武装的能手。父亲在扩大抗日武装力量的工作中，做出了杰出的贡献。

到1940年9月，津南支队被改编为一一五师教导第六旅十六团二营。父亲任二营营长。这时二营已装备成五、六、七、八连共四个主力连，其中五连全部是日本武器装备，并配备轻机枪一挺，六〇炮一门，清一色的三八大盖枪，一人一顶日本钢盔，号称"铁帽子五连"。这支队伍活跃在津南、沧县、乐陵、宁津、东光、新海一带，对日伪军有很大的威慑力。二营英勇善战，威震敌胆。那些伪军一听见二营和仉鸿印的名字就胆战心惊。伪军之间常赌咒："谁不干好事，出门准遇上二营，被打瞎一只眼。"群众传说可神了，说仉鸿印的一个纸条送到伪军据点，伪军就得乖乖地将弹药如数送到指定的地点，如果顶着不办，那就会遭到"倒霉"的命运。

旧县桥夺枪

旧县镇是日军的一个重要据点，里边住着日军的一个小队和一个汉奸中队。旧县镇的南边有一座大桥，叫旧县桥。1939年，正当高粱晒米，谷穗弯腰的早秋时节，日军集中数百名民工修路架桥。工地离旧县据点仅二里地，我们部队很少在这儿活动。所以日军比较麻痹大意。白天，一小队日军作警戒时，常把步枪搭成枪架，走到各处监工。仅在土台上放着一挺机枪，有三个日本兵看护。这个情况很快传到父亲那里。经分析，公路两旁的青纱帐可作掩护，父亲决定奇袭，让第二手枪队派出一个班，化装成推土车的，挑担的，混进民工队伍，伺机夺枪；再派两个连埋伏在公路两边的青纱帐里作掩护。

第二天早饭后，工地上出现一个黑脸大个，袒胸露怀，呆头呆脑的民工，他就是手枪队员韩风池。他装着喝水、大便的样子观察好地形。他看情况

没有什么变化，就走到机枪旁边嘿嘿一笑，问日本小队长：“太君，这是什么的干活？”“开路，开路，那边的干活，看看的不行。”日本兵说。“我的力气大大的有。看！大大的干活。”韩风池边说边走回工地。来回三趟，扛了六根木头送到桥边。他一手用草帽扇着凉风，一手撩起衣襟擦着脸上的汗，蹲在机枪旁边，笑着问：“我干活的顶好？”“干活的顶好。”日本兵也随着说。对他靠近机枪，完全没有怀疑。韩风池把机枪扛在肩上，挺起胸膛，学着日本兵练操的样子，高抬着两腿，原地不动踏步走，嘴里还喊着“一二一”。日本兵们笑得前仰后合，他看时机已到，抬腿向青纱帐跑去。日本小队长还以为和他开玩笑，大声嚷着：“那边开路的不行。”

砰、砰、砰！随着我手枪班战士的枪声，土台上的三个日本兵应声倒地。接着，青纱帐里打出的子弹犹如暴风骤雨一般。数百名民工一哄而散。手枪队员扔下镐和锹，抽出掖在腰里的手枪，向散在各处的敌人开枪，随后扛起敌人丢下的三八大盖，也钻进青纱帐。部队迅速转移，等据点的日军、伪军前来接应时，修桥工地上仅剩下了十几具日本人的尸体。

旧县桥的民工，很佩服八路军的战斗精神，感到八路军是真正抗日的。他们如果再回旧县桥，很可能遭受日军的毒手，所以二十几个民工纷纷参加了八路军。

日军屠刀下的岁月

旧县桥夺枪和许庄子村歼敌胜利的消息传开，边区群众拍手称快。而盐山城里的日军头目，却对父亲恨得咬牙切齿，十分懊丧地嚎叫：“索嘎，仉鸿印狡猾大大的，幽灵的干活！”他竟用五千块大洋悬赏，买父亲的人头。但是，他错误地估计了中国人。父亲从老乡那里不断地得到情报，而日本人却永远不会知道仉鸿印在哪里。

接着他们的疯狂报复也开始了。日伪军派出一个小分队，突然包围了仉小庄，把乡亲们集合到十字街中心。他们端着刺刀，拿着皮鞭，拉着恶犬，逼问大家说：“仉鸿印及其家人在哪里？说出来，皇军大大的有赏。”乡亲们怒视着敌人，谁也不说话。突然，日军从人群中拉出一个人来，他是仉振海叔叔，一个老老实实的庄户人。一个日本兵用手枪指着他的脑门大声逼问。仉振海叔叔冷冷地说：“仉鸿印到处打游击，我们老百姓怎么知道他在哪里。他的家人早就跑了，还敢待在家里？”“他说的对！”乡亲们异口同声地说。逼问、拷打，一直折腾到下午，也没有结果。气急败坏的日军跑到我家，抢走了祖父收藏的字画、古瓷器等值钱的东西，然后放火烧了房子。火光冲天，书房的桌椅板凳被烧得发出噼噼啪啪的声响。日伪军害怕父亲的队伍闪电式地袭击他们，所以日落之前，仓皇缩回到据点去了。日军为了搜捕父亲，曾先后五次烧了我们的家。

为了躲避日军抓捕，父亲派人把祖父母以及母亲和孩子们接到当时的乐陵抗日根据地，很快又把婶母和堂弟接来。我们分散隐蔽在乡亲们家里，隐姓埋名和老乡成为一家人。那时经常搬家，多则个把月，少则几天。为防日伪军偷袭，我们晚上常常睡在庄稼地里。如果第二天无敌情，再回到村里。我们住在李杏雨家村时，一天，父亲派人送来消息，说日军要来“扫荡”，迅速转移。母亲抱着弟弟，我拉着母亲的衣角，跟着送信的叔叔，在漆黑的夜里，冒着蒙蒙细雨，急忙赶路，深一脚浅一脚，滑倒爬起来，浑身是泥，一夜竟走出去几十里路，到达八路军控制地带，在老乡家住下来。当时，祖母正在感冒发烧，祖父母只好留下来，隐蔽在一个老乡家里。这家的年轻人也都躲起来了，只留下一个七十多岁的老太太。第二天，果然一小队日伪军气势汹汹的来了。等待他们的是空空的村庄。日军小队长气坏了，命令日伪军分头挨家挨户地搜查，抢掠。一个伪军来到祖父住的这家，进来一看，都是老人，便端着刺刀到处乱翻乱找，突然在鸡窝里找出一个包裹。包裹里面包着这家老太太送老的衣服。老太太一看急了，颤颤巍巍地从床上爬起来，想抢回自己的包裹，却被伪军一脚踢翻在地上。祖父在一旁实在忍不住了，便严厉地说：“你是中国人，有本事去打日本人，欺负中国老百姓算什么能耐？”汉奸一听气坏了，一把将祖父按倒在地，举起枪托就要往祖父的头上砸去。这时，突然闯进一个人来，一把拉住那个伪军的手，悄悄对他说：“你不想活啦！你知道他是谁吗？他是仉鸿印的老太爷。你把他杀了，仉鸿印能饶了你吗？”那个伪军一伸舌头，两人飞快地跑掉了，也不敢去告诉日本人。因为他们知道，八路军的锄奸政策，对死心塌地作恶多端的汉奸严惩不贷，

1953年春节仉鸿印和他的长子炳耀、女儿桂馨在泰安合影

所以许多伪军都想给自己留一条后路。祖父每每讲起这段故事，想起父亲令敌人胆战心惊的威慑力，心里总是充满着自豪。

日军的烧杀抢掠，加上几十年没有过的旱灾、蝗灾，地里的庄稼颗粒无收。我们全家东躲西藏，和乡亲们一样忍饥挨饿。挖野菜、啃树皮，有时还吃蝗虫。最难下咽的是旧棉花籽榨油后做成的窝头，吃了这种带棉毛的窝头，肚子十分难受。孩子们偎依在母亲的怀里饿得哭个不停。在困苦和饥饿中，弟弟炳辰和堂弟炳午先后夭折了。

一天晚上，父亲回来对母亲说：“现在日军疯狂扫荡，我带着队伍和敌人日夜拼杀，早已将生死置之度外。炳耀儿已经十六岁了，我想把他交给党组织，留下这棵根苗，由党把他培养成人，参加革命。”母亲虽然舍不得让儿子离开，想了想还是坚定地说：“去吧。看来这样最好。”1943年哥哥进入中共渤海区委创办的，为八路军培养干部的耀南中学学习，后被分配到渤海区行政公署工作，不久被选派去延安做机要工作。他没有辜负父亲的希望，在这条没有硝烟的战线上，做出了出色的成绩。

一次，日伪军“扫荡”来到盐山县乔庄村我外祖父家，抓捕我父亲及八路军。敌人抓到了外祖父和郭毓强表哥，要他们说出父亲和八路军的下落。外祖

父和表哥咬紧牙关，就是不开口。敌人给外祖父灌辣椒水，将表哥绑起来，用烧红的烙铁往身上烫。这些残暴的手段都无济于事。伪军把乡亲们逼到外公家房前，一个日军头目声嘶力竭地喊：“仉鸿印及八路军藏在哪里？”得到的只是一片沉默和更强烈的愤怒。直到天黑，日伪军害怕遭到八路军的夜袭，只好仓促缩回据点。

我的六舅郭鹤楼是一位有文化的爱国青年。他不能容忍祖国山河遭践踏，同胞亲人遭蹂躏，毅然跟随我父亲参加了革命，后被分配在渤海第一军分区华昌侦察站工作。1942 年夏天，一次，由于叛徒告密，六舅被包围在大张庄一片洼地里。他边打边撤，打死日军数人。日军围住他，要他投降，但六舅宁死不屈。这帮野兽竟用军刀朝我六舅乱挑乱刺。六舅为了祖国人民的解放事业，献出了宝贵的生命，年仅三十三岁。父亲得知后，眼含热泪，愤恨地说：“日寇又欠下了中国人民一笔血债，这笔血债一定要侵略者用血来偿还！”他派人设法把六舅的尸体运回老家。六舅母见此惨状，悲痛万分，怀着对日军的深仇大恨，投井自尽，追随丈夫的英灵而去。

日军的疯狂报复吓不倒坚强的边区军民，相反更激发了他们杀敌的勇气。

鏖战徒骇河

1940 年 9 月，根据一一五师的命令，冀鲁边区部队编为一一五师教导六旅，津南支队编为十六团二营，父亲任二营营长。10 月，接到山东分局和师部的重要指示：东渡黄河，开辟鲁东北部根据地，打通与清河的联系，使两个根据地连成一片。1941 年 3 月初，我教导六旅两个团来到徒骇河下游，在商河县的兴隆镇一带驻扎。这里距黄河大堤约四十华里，十六团为右翼，十七团为左翼。就在这个时候，附近据点的敌人正在急速增兵。济阳、商河、惠民的日军，也有出动的迹象。看来敌人已经发觉我军的进攻意向。为了扩大我军影响，有利于在敌占区开展群众工作，部队决定与日军鏖战徒骇河畔。徒骇河是流经边区的一条大河。相传它是大禹治理的九河之一，“禹疏九河，此河工难，众惧不成，故曰徒骇”。部队沿着徒骇河北岸，摆开了一条东西长约二十华里的长蛇阵，利用村寨、河堤抢修工事，准备抗击日军“扫荡”。3 月 15 日凌晨，东边远远地响起了激烈的枪声。上午九十点钟的时候，济南、德州、商河、济阳等地的敌人也蜂拥而来，越聚越多，十几路兵

1953 年仉鸿印和他从赴朝慰问团归来的弟弟仉翰在泰安合影

1967 年仉鸿印和家人于泰安合影

力达两万人以上。十六、十七团在徒骇河北岸和日军展开了激烈的战斗。与兴隆镇隔河相对有一股敌人，大约一个大队，四百多个日军占领了高桥村。他们以为对岸没有什么动静，就偷偷地从徒骇河南岸涉水过来，企图从背后偷袭，与北面的敌人形成夹击之势。父亲带领二营在徒骇河北岸，发现这一情况后，便命令在北岸的大堤后面，集中四、五挺机枪，一字儿排开。四百多个日本兵在河中深一脚、浅一脚地走着，好不容易过了河心，前边的敌人已经爬到河堤了。这时父亲一挥手，喊了声："打！"四、五挺机枪怒吼起来，手榴弹也刮风般地飞向敌群。霎时间，河当中水花迸飞，泥浆乱溅，日军死的死，伤的伤，活着的嗷嗷乱叫，争先恐后地往回逃。二营的机枪、步枪追着敌人屁股又一阵猛打，打得日军七零八落，只剩下几十个人了。河里躺满了日军的尸体，污血把河水都染红了。战斗一直坚持到夕阳西下。考虑到敌我力量悬殊，我军在夜幕的掩护下，向乐陵、临邑、德平一带转移了。为使大部队快速转移和伤病员的安全，周政委命令"铁帽子五连"负责掩护几十名伤员转移。周政委嘱咐杜万祥连长，一定要保证伤员的安全。杜连长腰杆一挺说："政委放心吧！有咱'铁帽子五连'在，一个伤员也丢不了。"他带着伤员大踏步地走了。"铁帽子五连"的装备，全都是从日军手里夺来的，人人头戴钢盔，手持三八大盖，远远地一看，谁都认为是日本兵。他们利用这身装扮，多次骗过了敌人的耳目。正当三个排的战士保护着伤员跨过商（河）惠（民）公路时，发现日军已从西边顺着公路走来。杜连长当机立断，毅然带着剩下的一个排，大模大样地迎着敌人走过去。日军以为是自己人，丝毫未加理会。杜连长到了敌人跟前，对准走在前面的日军，叭叭就是两枪，全排战士也跟着一齐开火。敌人猝不及防，顿时乱作一团。等到敌人清醒过来时，杜万祥等人已经撤向路南，隐入夜幕中去了。敌人气得嗷嗷直叫，也跟着跳下公路，往南紧追。他们将敌人往南引了一程，然后迅速拐了一个一百八十度的大弯，重新越过公路，飞也似的向北追赶连队去了。徒骇河战斗，边区主力部队与数倍于我军的敌人浴血奋战，打垮了敌人的十几次进攻，给敌人以意想不到的沉重打击。据兴隆镇一带的群众反映，敌人来不及运走的尸体就有五六百具。这次战斗，我军虽然还没渡过黄河，但极大地鼓舞了徒骇河两岸的广大群众。这就为以后再渡黄河，开辟鲁东北根据地，打下了基础。

战胜困难　出奇制胜

1941 年 12 月，太平洋战争爆发后，日本侵略者为了巩固其占领区，对华北各根据地进行大规模"扫荡"。冈村宁次在"扫荡"冀中之后，又对冀鲁边区进行血腥大"扫荡"。1942 年 5 月 26 日晚，冈村宁次飞抵德州坐镇，指挥日军两个旅团及伪军共两万多人，从德州、连镇、

泊镇等铁路沿线据点出发，以多路奔袭的战术，对我东光、南皮、宁津、庆云一带实行“拉网包围、扫荡”。敌人的骑兵、装甲部队反复“拉网”、“清剿”。所到之处，杀人放火、奸淫掳掠。冀鲁边区正处于最艰苦、最黑暗的时期。根据上级指示，为了暂避敌人的锋芒，教导六旅的主力部队和各分区的地方武装，以连为单位化整为零，分散活动，保存实力，伺机消灭敌人的有生力量。父亲带领二营一个连在盐山和庆云一带活动。为了躲避敌人的“扫荡”，父亲带着战士们急行军，常常几天几夜吃不好饭，睡不好觉。一次，父亲带着部队急行军，一口气跑了百十里，一夜换了三个地方。战士们累得上气不接下气，两腿发软，实在跑不动了。大孙家村孙老汉的小儿子柱子干脆躺在地上不起来了，他才十六岁呀。父亲亲切地拉起小柱子的手对他说：“孩子！还记得你爹是怎么死的吗？你们村的乡亲们是怎么被日本鬼子烧死的吗？我们要为亲人们报仇啊！”然后大声对大家说：“同志们！要想打败日本侵略者，不当亡国奴，就要比他们跑得更快、更勇敢、更能吃苦。”小柱子猛地站了起来说：“营长！我能跑。我要杀小鬼子。”父亲对战士们说：“同志们！柱子的父亲是被鬼子杀死的，柱子的乡亲们是被鬼子关在房子里烧死的。要记住这笔血债。只有赶走日寇，悲剧才不会重演。父老乡亲们才会有安宁的日子。为了这一天，我们就是再苦再累也要坚持到底。”战士们异口同声地说：“营长！下命令吧！再跑一百里，我们也不怕。”队伍又精神抖擞地继续前进了。直到第二天的中午，部队才到达安全地带。虽然战士们表现得还是很精神，但父亲深知，他们已是极度疲劳了。他告诉警卫员买来一筐生鸡蛋，让战士们喝下去，解渴、解饿、消除疲劳。战士们喝了都觉得很舒服。晚上，请老乡们烧了一锅热水，让战士们烫脚。父亲检查了战士们的脚。他看到，有的鞋跑破了，有的脚上磨出了一个个血泡，可谁也没有叫苦。多好的战士呀！父亲吩咐警卫员，找妇女救国会主任要一些布鞋，分给急需的战士们。当时，母亲郭婵正好在当地妇救会参加做军鞋。母亲的手儿巧，她做的布鞋结实又跟脚，受到妇救会的好评。他们听说仉鸿印带着队伍回来了，赶紧将做好的军鞋送去，刚好给战士们穿上。由于长期的急行军，战事频繁，有时，一天与日伪军遭遇几次。日子久了，战士们身上长了许多虱子。虱子叮咬，奇痒难忍，睡觉也不安稳。所以，一停下来休整，战士们便把衣服脱下来捉虱子，嘴里还不停地嘟囔着：“又消灭一个小汉奸，看你还敢帮着小鬼子欺负人！”父亲看到战士们捉虱子，自己也觉得奇痒。他却幽默地说：“别小看这小虫，它可以使我们保持警觉，防止鬼子偷袭哩！”战士们一听都乐了，高兴地围着父亲，七嘴八舌说个不停。最后大家只好采用火烤、上锅蒸的办法，打了一场“虱子歼灭战”。父亲常常想到老乡们送子参军的那份情谊，所以对待战士像自己的孩子一样，爱护他们，严格要求他们，使他们锻炼成才。他教战士们学射击、投弹、拼刺、地形地物的利用，一招一式，一丝不苟。正因为如此，父亲带出的“津南支队”“二营”“铁帽子五连”，才能胜利地冲破敌人一次又一次地“扫荡”，成为风靡冀鲁边，使敌人闻风丧胆，能攻能守，能打硬仗的铁军。

有一次，父亲让部队在盐山附近的一个村子里隐蔽起来，寻机消灭分散的小股敌人。很多战士不解地问：“营长，这样在敌人的眼皮底下不是很危险吗？”父亲笑笑说：“是的，最危险的地方有可能是最安全的地方。”说也奇怪，他们竟然一次又一次地躲过了敌人的“扫荡”。7月的一天，敌人几个中队的兵力，从盐山城出发，兵分东西两路，沿着盐山、旧县、乐陵方向快速包抄过来。父亲和一连的战士们很快被装进了敌人的口袋。连长急切地对父亲说：“营长，敌人已把我们装在口袋中间了，我们应该在他们还没有封口之前，立即冲出去。”有的战士说：“来不及了，我们还是从侧面杀出去吧。”父亲果断地说：“既不能顺着敌人的方向冲，也不能从侧面杀。听我的命令！全连立即集合，和敌人相反，向盐山方向迅速撤离。”有的战士说：“那可是敌人的老巢，太危险了。”父亲斩钉截铁地说：“听从命令，立即行动！一切由我负责。”情况紧急，来不及解释。当我们的队伍接近盐山的时候，父亲命令：“准备战斗！一排准备好手榴弹、机枪；二排跟上；三排断后，立即从左面，向风化店方向冲过去！”一排战士们在前面开路，一顿手榴弹，首先炸乱了敌人的阵脚，接着一阵机枪扫射，日军倒了一片。日军怎么也没想到，在他们家门口会出现八路军。待他们清醒过来的时候，全连已杀出一条血路，冲出包围，消失在青纱帐里了。事后，召开战斗总结会的时候，父亲才对战士们讲：“我们的两条腿跑不过敌人的汽车和摩托车，从口袋里是冲不出去的；从侧面杀出去，我们的伤亡会很大。正因为盐山是敌人的老窝，他们才没有警觉，精锐部队又已远离，所以最好的办法是出其不意地打断敌人的尾巴，冲出包围圈。”战士们听了，高兴地伸出大拇指，都很佩服老营长的智慧。不久，第一军分区的各兄弟部队，经过浴血奋战，付出了血的代价，也都冲出敌人的包围圈，粉碎了日军对第一军分区的“扫荡”。敌人的“扫荡”不但没有打垮我们的部队，没有吓倒边区的人民，在乡亲们的支持下，到1942年，边区又得到了大的发展。10月，父亲被任命为冀鲁边区第一军分区副司令员。

在多年的作战生涯中，父亲取得了不少卓越的功绩。

中华人民共和国成立后，父亲历任徐州市警备区司令部副参谋长，泰安军分区参谋长，山东省泰安专区副专员等职。他一如既往，为新中国的建设日夜操劳奔忙。他希望尽快把祖国建设得繁荣富强，让老百姓过上好日子。

1962年夏天，我们陪同父亲回老家探望年迈的祖父和乡亲们。因工作繁忙，这是中华人民共和国成立后父亲第一次回家探亲。我们在沧州车站下车后，走出站台，就在车站饭店旁边，看见一群衣衫褴褛的人从垃圾箱里捡西瓜皮、菜叶吃。父亲看到这一幕，突然心酸了，一动不动地久久站在那里。这位在战争年代和敌人搏斗，生死不惧的铮铮铁汉，却流下了深情的眼泪。他想，在那腥风血雨的战争年代，正是乡亲们陪我们度过了最艰难的岁月。是他们把自己的丈夫、儿子送来参军，跟着我们和敌人拼命；也是他们不惜牺牲自己生命，保护子弟兵，他们付出的太多太多。我们革命的目的不就是首先让乡亲们过上好日

纪念仉鸿印——冀鲁边抗战将士后代“重走父辈路、寻根冀鲁边”系列活动之八

子吗！可是到现在一些人连顿饱饭也吃不上，我对不住他们呀。过了一会儿，他转过脸来语重心长地对我们说：“孩子们，建设国家的重担就落在你们年轻人的身上了，你们一定要学好本领，努力工作，把国家建设得繁荣富强，让乡亲们过上好日子。”

时间飞逝，四十多年过去，现在终于可以告慰父亲的英灵了。经过三十多年的改革开放，我们国家发生了举世瞩目的巨大变化，经济繁荣，科技进步，人民富裕了，家乡的亲人们过上了幸福的生活。我想父亲心目中老百姓的好日子，开始实现了。

（本文选自天堂纪念网，因篇幅所限，略有删节）

父亲陈德明的一个战斗故事

文/陈卓飞

我的父亲陈德明，自幼失怙，孤苦伶仃的他，靠外婆拉扯长大。小时候，他给地主当放牛娃，养成了吃苦耐劳、不畏艰险的性格。十五岁时，他受抗日游击队的影响，在放牛的山坡上丢下牛绳就参加了琼崖抗日独立总队，并在当年加入了中国共产党。从此，他就成了当时让日军闻风丧胆的琼崖抗日独立总队红色少年连的一员。

在那腥风血雨的战争年代里，父亲经历过无数次大大小小的战斗：拔鬼子炮楼、偷袭敌人运输队、除汉奸、侦察敌情……儿时的我听父亲讲过不少战斗故事，其中我记忆最深的是一次他护送参谋长郑章，冲出日军包围的历险过程。这也是他一生中最难忘的一次经历。

那是1942年，是抗日战争最残酷艰苦的年代。日本帝国主义由于太平洋战争的爆发，加紧了对琼崖根据地的“蚕食”、“扫荡”，日本军队几乎天天到处游荡。

此时的父亲，凭着他的机智、勇敢和枪法过人，已经成为冯白驹的警卫员。

一天，他接到一个艰巨的任务：护送参谋长郑章通过几百里充满危险的敌占区，到另一个根据地。

接到任务后，郑章、交通员和他三人便化装上路。一路上翻山越岭，过河涉水，风餐露宿，从山里走到平原。经过几天几夜的长途跋

1950年，人民解放军和琼崖纵队会师在五指山上

涉，一天傍晚时分，他们到了澄迈余元（音）村，进了一个堡垒户家，准备在这里过夜。

这是一户靠村边的独立院落，屋外面有一圈低矮围墙。由于赶了一天路，几人十分疲惫，吃过饭后，郑参谋长和交通员便早早休息了。担任护送警卫员任务的父亲，不敢大意，强忍着困意守候在院门后警戒。

然而，他们的行踪已经被汉奸发现并秘密报告给了日军。此时，危险正在向他们步步袭来。

天将亮时分，正当父亲也昏昏欲睡时，突然听到了由远而近的狗叫声。战争年代的他练就了一副机警的头脑：有狗叫，一定有情况。他猛然惊醒，马上睁眼从门缝看出去，不好！月光下，一溜戴着钢盔、刺刀上闪着寒光的日本兵正朝着院子奔来。

他噌的一声跳起来，冲进屋里，推醒了熟睡中的两人，告诉他们日本人来了。

这时，忽然听到院子外面传来一阵叽里呱啦的大叫声，父亲仔细再看，原来由于交通员大意，把随身带的一条红毯挂在院墙上，日本兵指着红毯哇哇大叫，日本兵发现他们了。

日本兵见状马上散开，一下子把整个院子包围起来了。情况变得十分危急，郑章参谋长和交通员神志未醒便遇到突发情况，一时有些紧张。这时驳壳班出身的父亲异常冷静，他不动声色地举着驳壳枪守在大门后面。

不一会儿，大门哗的一声被撞开，两个日本兵端着上了明晃晃刺刀的三八大盖冲了进来。说时迟，那时快，守在大门旁的父亲闪到一边，侧身向前用驳壳枪顶着一个日本兵的腰间开了一枪。日本兵扑通一声倒地，手中的枪摔出老远，两只手在地上乱拨，两只穿着大皮靴的脚在石板地上哗啦哗啦乱蹬。另一个日本兵一看吓坏了，拖着枪叫着跑了出去。日本兵不知虚实，一时不敢进屋了，守在外面朝着屋里乱打枪。

在这种情况下，前门是出不去了，只有从后门突围。头脑冷静的父亲知道，院子被日本人包围了，后门一定有日本人在等着，不可贸然跑出去。他趁前门打得热闹，跑到后院，猛然拉开后门，退后几步，身手敏捷的他一个虎跳，从门洞里腾空跃出门外。

这时，守候在后门外两旁的两个日本兵见门打开，两把刺刀架在了一起。端枪的日本兵在父亲身后刺了个空，父亲一落地，回手一枪，又打倒了一个日本兵。另一个日本兵见空中蹿出一个黑

琼崖抗日根据地

影，撂倒了他的伙伴，吓得掉头就跑。这时郑章参谋长和交通员也紧跟着冲了出来。他们不顾一切地冲出包围圈向前奔跑，日本兵在后面拼命追赶。那片地方长满了灌木、树丛、荆棘，他们奋不顾身一穿而过，遇到石头垒起的围墙，三人就合力推倒翻过，他们的脸上、身上划出了道道血痕，两腿上扎满了荆棘、竹刺，裤腿撕成了布条。日本兵在身后一路放枪，一路追赶。他们像山鹿一样不顾一切地迅速奔跑，一直跑到一处有海水的地方，泅水过去，才摆脱了日本兵的追赶。

事隔多年后，父亲偶遇当地的熟人，人们还在传说这件事，说："当时琼崖抗日独立总队里有个小鬼真了不起，两枪打死了两个日本兵。几十个日本兵包围他们开了半天枪，竟然没能抓住他们一个人。"

父亲参加革命几十年，从不居功自傲，他一生光明磊落，热爱祖国。他那不畏艰险、不怕困难、坚定不移的革命信念至今仍激励着我们。

（本文选自《琼崖红色记忆》）

神枪手将军——刘荣

文/刘衍盈　刘应文　刘少霞　刘少琴　刘小明　刘少英

他目睹侵琼日军的罪行，十九岁便投笔从戎，成了琼纵的优秀指挥员，创造了以少胜多的战绩；他中学没读完，但因刻苦努力，在全军总高级步校毕业时总成绩第一；他虽不是科班出身，但成了赫赫有名的神枪手、射击教授；他神奇精准的枪法让苏联专家折服，多次为外国总统表演并受到刘少奇主席的亲切接见。他就是琼崖纵队的老战士，海南军区原副司令员刘荣将军——我们敬爱的父亲。

椰林湾里的刘家大院

在风景秀丽的东郊椰林湾，椰林高大挺拔，郁郁葱葱，海风吹来，依稀可见椰林人家。走进茂密的椰林，你会发现一座风格别样的庭院。

庭院落落大方，呈正方形，中央是高大的正屋，大小十几间房屋组成了院落。楼阁式的大门，轩昂的厅堂，相连的廊庑，屋檐房门上精美的雕刻，室内优雅别致的装饰，既体现了古代传统的建筑风格，又具有南方现代建筑的鲜明特色。庭院大门上端精心雕刻着“天禄第”三个金光闪闪的大字。天禄，即天赐福禄。古代文人在颂扬汉高祖功绩的史册中记载：“赫矣高祖，肇载天禄。”从汉代开始，就有了以“天禄”命名的阁房，即天禄阁。沿袭下来，后代不少刘姓的府第被取名为天禄阁、天禄第……大门两侧的对联上写着：发扬革命传统，争取更大光荣；横批：光荣之家。一看便知，这是一户革命家庭。从厅堂中悬挂的肖像可以看到，庭院的主人浓眉大眼，目光炯炯，身板挺直，一身戎装，器宇不凡。他就是威震琼崖的神枪手将军——我们的父亲刘荣。

早年，刘家十分贫困，刘家先人和许多文昌人一样漂洋过海，闯荡南洋，受尽了歧视和虐待。庭院就是先人用在南洋拼命挣来的血汗钱建造起来的。父亲在贫困的生活中磨炼出一副铮铮铁骨，在先人艰苦创业精神的熏陶下培养出不屈不挠的坚强意志。

日本军队入侵海南岛的那年，正在海南文昌中学读书未满十九岁的父亲毅然投身革命。不久，日军就血洗了椰林湾，祖父和叔母被日本兵杀害，弟弟被打断了手指，高大的正堂和庭院被日军放火烧得只剩下残垣断壁。

椰林湾人没有被日军的血腥屠杀所吓倒。在乡亲们的帮助下，经过拾掇的庭院又成了地下组织的交通站。后来，为了掩护革命同志，祖母被打断了手臂，两个叔叔献出了宝贵的生命。

海南解放后，在地方政府和乡亲们的支持帮助下，庭院得到修缮，但只是修修补补。家人把重建正屋、修复庭院的希望寄托在父亲身上。然而，父亲想

总高级步兵学校射击教授会副主任刘荣（右）与苏联军事专家及翻译在一起

海南军区原副司令员刘荣（后排右二）与琼崖纵队领导及老战友合影

得更多的是贫困的老区人民。他的生活简朴，粗茶淡饭，衣服被褥都打满了补丁，家中没有一样像样的家具。他把节衣缩食省下来的钱物，大都捐给了老区人民。直到父亲1993年去世，修葺祖屋的事也未能如愿，庭院中央仍然空空荡荡，一直残留着被日本人烧毁的痕迹。

一个团阻击一个师的血战

父亲一生征战无数，但最让他难忘的是龙虎坡阻击战。

1949年12月，中央电示：准备接应配合野战军渡海作战，解放海南岛。

1950年3月31日，四十三军一二七师组成的加强团，在师长王东保、政委宋维栻率领下，从雷州半岛徐闻出发，次日拂晓，在澄迈地区登陆。时任琼纵第三总队副总队长的父亲，接受了配合野战军渡海作战解放海南岛的任务，他立即率领三总一团，打退了阻碍渡海作战部队的敌人进攻，并带领大军向云龙挺进。国民党海南防卫总司令薛岳闻讯后，调遣大批军队，并派出飞机跟踪侦察。

为了彻底消灭敌人，渡海部队和琼纵三总一团决定向白石溪进军。

部队到达营地后，得悉敌人调动了四个主力团，分别从文昌的蓬莱、南阳和琼山的大坡三路向部队进攻，妄图趁大军立足未稳吃掉我军。王东保立即召开紧急会议部署战斗，为了粉碎敌人的阴谋，决定一团在龙虎坡阻击从蓬莱方向来的敌人两个团。当时，大家认为，我军能不能打好这一仗，关键在一团能否顶住敌军两个团的进攻。王东保师长关切地问父亲："敌人两个团的进攻，一团能否顶得住？"父亲果断地回答："完全可以！"王东保师长又问："一个师的进攻呢？"父亲略为思索后说："可以完成任务。"父亲认为，一团的装备虽与敌人的美式装备差距较大，但是长期坚持孤岛作战，并在秋、春、夏三大攻势抗击国民党军的进攻中，积累了较大规模作战经验；况且，海南解放在即，指战员们已经看到了胜利的曙光，更加斗志昂扬，只要指挥得当，一定能完成阻击任务。王东保听后高兴地说："好！好！好！拦河捉鱼，有你们挡住敌人，我们就可以放心捉大鱼了。"

4月1日上午11时，敌人在向三营发动进攻的同时，还向一营据守的高地发起了猛烈的进攻。一时间，弹片横飞，树木折断，野草燃烧，双方展开了拉锯战。

琼纵三总一团与敌人激战，奋勇阻击了敌人。与此同时，渡海部队迅速对大坡方向的敌人实施迂回包围。下午4时，王东保第七次派人送来手令："我加

南京总高级步兵学校射击教授会主任田牧、副主任刘荣与苏联军事专家在一起

强团已形成对大坡之敌的包围，你们不惜一切代价阻击敌人，坚守阵地。主力部队下午5时发起总攻，以三颗红色信号弹为令。”刘荣将军阅毕手信，立即回令：“人在阵地在。”并马上传达渡海部队首长命令。强大的敌人困兽犹斗，攻势十分凌厉。但是，刘荣将军沉着指挥，处于兵力弱势的一团指战员愈战愈勇，阵地有如铜墙铁壁。

落日的余晖洒满了被炮火烧红了的龙虎坡。下午5时，呼！呼！呼！三颗红色信号弹腾空而起，渡海部队向陷入包围圈的大坡之敌发起猛烈攻击。经过一个小时的激战，干净、利落地歼灭了敌人一个团。

从神枪手到射击教授

1952年5月，军委决定，以原第三高级步兵学校为基础，组成中国人民解放军总高级步兵学校，直属中央军委领导。

1953年1月10日，总高级步兵学校在这一天举行了盛大的开学典礼。典礼上，总政副主任萧华代表中央军委向校长宋时轮授旗，并宣读了毛泽东主席、朱德总司令的训词。中央军委赋予该校的主要职责是培养步兵部队中的团、师职军政干部。刘荣将军作为学员参加了开学典礼。

步校当时规模很大，那时盖的办公行政楼，南京理工大学现在还在使用，现在南京理工大学的很多教室里的大电扇和办公桌还盖着总高的印，当时建校规模可见一斑。

1953年初，父亲作为一名学员从海防前哨一下来到六朝古都，他没有在繁华与热闹中驻足。尽管他当时已是师级干部，但对自己要求非常严格。虽然因参加抗日造成中学未毕业，但他当时是品学兼优的好学生，在长期的军旅生涯中依然保持着学生时代的良好学习习惯。进入总高级步兵学校后，开始学习较吃力，但他有旺盛的学习热情，逐渐适应了军校的生活。清晨，别人还没起床，他就开始背书；夜晚，别人休息了，他还在写作业。

战争年代，父亲在一次指挥战斗时，一发炮弹打了过来，幸亏警卫员将他推开，才捡回一条性命。留在身上的弹片常常让他头晕头痛，有时经常疼痛到天亮，但他还是坚持学习。功夫不负有心人，毕业时，父亲以全校总成绩第一的成绩，受到校长宋时轮上将的嘉奖。当年领奖的照片在学校礼堂挂了好久，受到众人仰慕。

1953年10月1日，在北京举行的国庆阅兵典礼上，父亲作为步校的优秀学员，参加了这次检阅。父亲是海南人中第一个也是职务最高的一个参加阅兵接受检阅的。后来父亲在自己的日记中记载：“在铿锵有力的步伐中，我们豪迈地经过了天安门广场，接受党和人民的检阅。这一天，我不但看到了敬爱的朱总司令，也看到了伟大的毛主席。我们方阵在所有受阅学员中表现最好，真是终生难忘！”

1954年10月1日，中央军委决定，总高级步兵学校设训练部、军事科学研究部、政治部和十个教授会。教授会分战术、射击、炮兵、通信、地形等门类。父亲因成绩优异，留校任教，并被破格提拔为射击教授会副主任。

成为射击教授会副主任后，父亲承担起射击课程的讲授任务。刚开始，父亲讲的是文昌普通话，大家很难听

懂。为了纠正发音，他就天天晚上到邻居——射击教授会主任田牧家里请教。在许多人的印象中，父亲无论是工作，还是与家人交流，都坚持使用普通话。很快父亲就成为射击教授会的优秀主任教员，并在全校评教大会上受到嘉奖。

父亲能成为射击教授，就是因为枪法好。当时，来指导的苏联专家很傲慢，认为他们国家的狙击手才是世界一流的，总是对中国学员不屑一顾。

在一次野外训练中，苏联专家指着天上并排的两只大雁对父亲说："你都能打下来吗？"说时迟，那时快，话音刚落，父亲飞手一扬，砰的一声，同时击中二鸟。从此，"神枪手"威名远扬。后来刘少奇视察步校时，听说这位"神枪手"后，特意让父亲做了表演。此外，父亲还多次为苏加诺等外国元首进行射击表演。许多苏联专家常常在人前夸奖父亲，甚至连建设训练场这样的大事，也是让父亲当助手。后来父亲带我们全家南迁时，苏联专家给我们每人都送了礼物，还送给母亲一瓶伏特加和一盒巧克力，这在当时物资稀缺的年代，弥足珍贵。

1959 年初，父亲回到海南，先后任广州军区某守备师副师长、榆林要塞副司令员、通什军分区司令员、海南军区副司令员等职，长期致力于部队建设与训练。

父亲的同事和部下常常回忆说，刘荣将军的工作非常繁忙，战争年代留在身上的多处枪弹伤，工作一忙，常常累得背都直不起来，但是任谁都劝不住。就这样，父亲白天坚持工作，晚上到医院打吊针。后来查出身体有肿瘤，疼痛得厉害时，晚上通宵达旦睡不着觉，但他怕麻烦别人，不肯叫醒护士，也不肯打止痛针。直到逝世前一天，还把我们叫到一起，乐观地告诉我们："没有共产党，没有毛主席，就没有我们的今天，你们一定要努力工作，创造美好的未来。"

许多老将军说，战争年代的神枪手很多，但成为射击教授的不多，这应归功于刘荣将军的谦逊与努力。

（本文选自《琼崖红色记忆》）

大智大勇的张行静

文/孟晓慧

张行静，出生于湖北七里坪镇张必贵村一个农民家庭。1923 年参加革命，同年在董必武创办的武汉中学读书，1924 年加入中国共产党。1926 年担任县农协执行委员，1927 年参加了著名的黄麻起义，随后在天津、湖南等地开展革命活动。1929 年经河口返乡参加武装斗争时被捕入狱，英勇牺牲。狱中留有铿锵遗诗：

人生一世万千差，
继承光荣革命家，
死不投降当叛逆，
愿随先烈葬黄花。

张行静 1923 年进入董必武、陈潭秋创办的武汉中学读书，该校是湖北地区传播马列主义和党的活动的重要基地。由于他聪明好学，如饥似渴地阅读了大量马列著作和进步书刊，思想进步很快。一天，他从董必武那里获得一本《共产党宣言》，如获至宝，立即盖上自己的印章。从此他手不释卷，阅读起来总是废寝忘食。他带着浓厚的兴趣，精心研读了一遍又一遍，书中留有很多他阅读时做的圈圈点点的着重记号，他还边研读边思考，写下了万余字的读书笔记。

在马列主义的熏陶和董必武的教育与培养下，张行静在入校的第二年就加入了中国共产党，成为学生中党的主要活动分子之一。1925 年，张行静从武汉中学毕业，

带着《共产党宣言》，带着董老的期望，带着理想回到了家乡。

教书办学闹革命

1925年，张行静回乡后，在黄安第二国民小学任教。他以教师身份做掩护，在杨山、柳林、福德等地进行革命活动。他首先在家乡创办了一所平民夜校，他自编教材，组织农民学习，用深入浅出的道理，讲解《共产党宣言》的内容，宣传中国共产党的主张，以及农民革命的基本内容。在教育人们反对帝国主义、反对封建势力时，他举例说：“中国像块肥肉，帝国主义总想瓜分，我们要打倒帝国主义。”马列主义犹如春风吹进了闭塞的山村。

《共产党宣言》首译版

为了使农民进一步觉醒，张行静搜集了当地豪绅地主欺压农民的典型材料，编写、导演了两台“文明戏”，以形象、具体、生动的事例，揭露反动统治的狰狞面目，倾诉劳动人民的痛苦。这种形式对于宣传发动农民革命起了很大的作用。

1926年冬，在张行静的宣传和领导下，河汉乡建立了党支部和农民协会，农民运动如火如荼。

1927年春，张行静调动到国民党黄安县党部，参加了黄安农民自卫军的组建工作。不久，升任县农民协会执行委员，他率领农民自卫军执行多次重要任务，一是捉拿了黄安县议会会长李介仁等罪大恶极的土豪劣绅；二是赴县北杨山、周七家、阮家店一带抗击河南光山南下的反动“红枪会”匪；三是参加抗击西寨会反动武装斗争。他还作为县农协代表，参加了鄂豫边界之黄安、麻城、光山联合召开的“三县和平会议”，与到会人员一道起草了以“三县共同拿办土豪劣绅”为主要内容的十一条协议，为发展当地的武装斗争和农民运动作出了重要贡献。

党的八七会议传到黄安后，张行静负责组织河汉乡防务委员会，率领乡亲举行了武装暴动，参加了著名的黄麻起义。

钢铁意志永流芳

1927年12月，国民党十二军向黄麻起义地区发起疯狂进攻，张行静被列为悬赏通缉的共产党员之一，敌人称“有人捉到张行静，一两骨头一两金，有人密报张行静，管他一生不受贫。”此时，党决定将一批干部转入地下，以保存党的力量。张行静遵照上级指示，先后转移到天津、湖南等地秘密从事革命活动，转移前他将《共产党宣言》交给党员张行旺保管。

1929年3月，张行静根据指示，回乡参加武装斗争。不料，经河口曾家湾时被“清乡团”逮捕，敌人将他押送黄安县城监狱。

在狱中，敌人软硬兼施，首先备以丰盛酒席，并许以高官厚禄，企图动摇张行静的革命意志。张行静以一身正气，怒斥国民党罪行。一招不成，敌人又改用重刑拷打，威逼他退党，写下“辟共论”，张行静犹如一尊铁像毫不畏惧，他挺着胸，慷慨激昂地说：“老子生是革命

黄麻起义和鄂豫皖苏区革命烈士纪念碑

私立武汉中学成为共产主义小组的活动中心

黄麻起义场景再现

人，死是革命鬼，怕死不革命，要我退党，痴心妄想。”一遍又一遍的审讯，一次又一次的酷刑，张行静丝毫没有屈服。

5月18日清晨，刽子手还要做最后一次审讯，令他在赴刑场前做最后一次回答。张行静拖着沉重的脚镣，举起紧铐的双手，振了振伤痕累累的身躯，大声说：“我回答了多次，今天仍然是‘怕死不革命，革命不怕死’，但今天老子要你们也答复几条。第一，给我备上三斤酒，我要死得风光满面；第二，我要写家书一封，让家中明白，张行静死得光明正大；第三，革命者一人做事一人当，不许你们迫害他人；第四，我是革命者，死前要高呼口号，你们在场都要随之附和。”张行静的英雄气概使在场之敌无不为之变色。

1929年5月18日正中午，黄安城东门外，张行静英勇就义，城中革命群众垂首落泪，悲痛万分。然而“共产党万岁，革命成功万岁”的口号在他们耳旁回荡，张行静宁死不屈、大义凛然的革命气节在他们心中永存。从这首遗诗中我们可以看出他钢铁般的意志：

人生一世万千差，
继承光荣革命家，
死不投降当叛逆，
愿随先烈葬黄花。

（本文选自湖北红安文化网）

东北抗联高级将领王光宇

文/马永成 鲍芹

东北抗联高级将领王光宇

王光宇，是中国共产党的一名优秀党员，曾任东北抗日联军第五军第二师师长，第四军副军长，是抗联时期的著名将领。他的战斗足迹踏遍了牡丹江两岸、镜泊湖、依兰、桦川等地，在西征中，他不畏艰苦，指挥果断，英勇地面对一切困难阻挡。他的英雄事迹，直到今日还被后人不断传颂。

王光宇，原名王堂明，又名王兴，1911 年出生在吉林德惠岔路口乡腰窝堡屯（现解放村）的一个农民家庭。1931 年九一八事变爆发时，王光宇正在读中学，日本侵略者的种种暴行，使他义愤填膺。他和学校里的进步老师李郁华、同学陈世友（后化名陶净非）、李英华（后化名李飞）一起商量，组建了德惠抗日救国会。由于敌人的疯狂镇压，1933 年初，他们三个人一起前往哈尔滨

第一中学读书。一中的地下党和团组织活动非常活跃，王光宇来校不久就加入了中国共产主义青年团。1933年6月，王光宇、陶净非在学习班毕业后，被组织安排到宁安工农义务队工作，负责帮助改造这支新兴抗日武装。

宁安县委派共产党员于洪仁到宁安工农义务队工作后，逐步在部队中建立了各级党、团组织，将坚决抗日的该队队长李荆璞吸收入党。中共宁安县委为建设这支抗日武装，派王光宇、陶净非在队里配合党、团组织，向士兵们宣传抗日形势，教唱抗日歌曲，帮助青年士兵学文化，代年长战士写家信，因而赢得了多数士兵们的信任和尊重。由于王光宇工作出色，于1933年底被党组织接收为中国共产党党员。

1934年后，宁安工农义务队连续打了几次胜仗，缴获不少战利品，按规定全部归公。此事引起了队内几个中下层小头目的不满，他们留恋过去那种打着抗日旗号占山为王的日子。1934年8月的一天早上，部队正在宁安唐头沟宿营，几个小头目以要求发饷为名，煽动部分士兵包围大队部，开枪打死了副大队长、党支部书记于洪仁，收缴了党、团员的枪支，并把大队长李荆璞捆绑在队部门口的树上。变故突发，情况危急。当时，党支部处于瘫痪状态，混在士兵中的王光宇已打定主意，要设法救出大队长，保住这支抗日队伍。他和陶净非商量了一下，便分头到士兵中做工作。不一会儿，全队士兵都聚集到队部门口。王光宇在人群中高声地说：“大队长一直领着我们打日本鬼子，没干过对不起大家的事，快放了大队长！”士兵们也喊道：“咱们是为了抗日来当兵，为什么要害抗日的带头人？”“日本鬼子要抓大队长，你们这不是帮日本鬼子的忙吗？”那些先前被裹胁来的士兵，也转而要求释放李荆璞。几个坏头目退入队部商量对策，王光宇、陶净非毅然闯入队部，代表全队弟兄为大队长说情。几个坏头目见屋外都是荷枪实弹的战士，不得不答应士兵们的要求。王光宇、陶净非两人出来后，迅速为李荆璞松绑，低声通知他赶快离开。当人群散去后，几个坏头头又带人来抓李荆璞时，李荆璞已带着二十多名党、团员和骨干安全转移了。王光宇等人的机智、勇敢，为党保存了开展抗日武装斗争的火种。不久，以李荆璞为大队长的一支新的宁安工农义务队又活跃在抗日武装斗争的第一线，继续打击着日伪军。

1935年2月，以宁安工农义务队为基础，组成东北反日联合军第五军，王光宇任五军一师一团政治委员。1936年2月，反日联合军第五军改称东北抗日联军第五军，王光宇任五军二师政治部主任，率领二师一部活动于依兰、桦川、富锦一带。1936年春，王光宇任五军二师师长，率二师四、五团游击于穆棱、林口一带。此时，牡丹江至林口段铁路已建成通车，敌人开始利用它运输兵员、物资。王光宇决定在铁路上搞一次破路行动。5月20日清晨，王光宇带领部队开进到林口附近的五河林北面的朱家、仙洞一带。这里是山区，铁路在山腰间蜿蜒穿过，是个伏击敌人火车的理想地段。王光宇下令扒掉几十米铁轨，然后部队隐蔽于铁路两侧。中午时分，敌人一列货车开过来了，司机发现铁路被扒后紧急刹车。这时，抗联的战士们有的向机车投掷手榴弹，有的集中扫射押车日军，只用了几分钟就结束战斗，击毙日军士兵十六人，缴获两挺机枪和许多子弹、粮食。5月25日，王光宇又率部在三道河子颠覆敌火车一列，打死日军少佐、上尉以下官兵六人。当敌人调来大部队沿铁路线“扫荡”时，王光宇又率部转向密山、勃利一带活动。一个月后，王光宇又率部出现在依兰、刁翎地区，成功地伏击了二道河子伪军的运输队，击毁敌人汽车四辆，全歼押车伪军三十余人，缴获步枪三十支、机枪一挺、一大批棉布、粮食与其他日用品。

1937年2月21日，第五军军长周保中在方正县洼洪河第九军军部召集会议，决定集中抗联第三、四、五、八、九军，于3月间联合攻打依兰县城，以阻止日本侵略者在方正、依兰、富锦、勃利各地推行“集团部落”、“坚壁清野”、“经济封锁”的政策，歼灭敌人剩余力量，夺取军械、弹药。3月19日，攻打依兰县城的战斗打响后，遇到敌兵顽抗，攻城部队转入伏击日军援兵的战斗。21日，双河镇四百余敌兵出援依兰，当行至新卡伦附近，第五军二师师长王光宇指挥第五、第八军打援部队进行伏击，击毙敌兵两百二十余人，缴获迫击炮三门、轻机枪七挺、步枪一百三十六支、弹药甚多。7月，王光宇率以二师为骨干组成的“下江远征队”，由依兰东进宝清，与抗联第三军四师、第六军一师、第四军、第七军相互配合，取得许多胜利。8月，王光宇率第五军警卫旅向宝清运动，途中在太平川伪装成日军“讨伐队”，打进反动地主李家的大院。群众称赞五军二师是“神武救国救民之师”。11月30日，王光宇被抗联二路军总指挥部调到四军任副军长后，率领四、五军各一部，共百余人，游击于富锦、宝清一带。一天，他们在宝清活动时，突然被数百名日军骑兵“讨伐队”包围。王光宇沉着指挥，终于突破敌围，还毙伤敌四十余人。12月28日，王光宇又指挥第四军及第五军二师一部共百余人，袭击桦川县聚宝山伪警察署和伪警备队。王光宇一面部署兵力，佯作强攻姿态，一面利用内线提供的情况展开政治攻势，很快瓦解了敌人，顺利地解除了全部伪警察的武装，缴获步枪一百四十三支、手枪六支、轻机枪一挺、子弹万余发，此外还有军马、服装、粮食等物资。不少伪警自愿参加了抗联部队，后来成为五军二师游击团的骨干力量。

由于敌人的层层封锁，密营里的粮食供应十分困难。王光宇看到伤员和大家一样喝土豆汤，吃干菜窝窝，心里很着急，便带领几个战士到山沟里摸蛤蟆，给伤员煮着吃。王光宇的手被冰碴划得满是血痕，十个指头冻得像胡萝卜。一天晚上，王光宇找来十二名战士，商量出山搞粮食的事，几乎一夜未睡。次日一早，他就带队出山了。天正下着大雪，他们走了一百多里路才弄到一些粮食，每人背着三十来斤粮食往回走。这时大雪已经封山，王光宇背着粮食在队前为大家踏雪开路。他开玩笑地说：“我要是掉进雪窟窿，你们可得把粮食给我背回去！”半路上，大家坐下休息，衣衫单薄，又冷又饿，但谁也没提出做点饭吃。在背粮队伍中，密营的伙食长老孙头年纪较大，身体较弱，在休息时睡着了，这一睡再也没有醒过来。王光宇亲手掩埋了老孙头，坚持把老孙头背的粮食背在自己的身上，仍在队前踏雪回到密营。伤员们都激动地哭了，说：“有王

副军长这样的好带头人，什么困难也难不倒我们。”

1938年后，在黑龙江东部三江地区活动的东北抗日联军各部，进入了异常艰苦的斗争阶段。敌人调集六万余正规部队，对三江地区实行分割包围，重点“讨伐”，企图将抗联部队“聚而歼之”。1938年5月27日，王光宇和四军军长李延平率四军西征部队踏上征途。经过一个多月边筹粮、边战斗的艰苦行军，到达牡丹江岸与五军西征主力会合。部队经过混合编组休整后，穿越三百里荒无人烟的高山密林，7月8日突然出现在苇河县楼山镇。在攻打楼山镇战斗中，王光宇率奋勇队负责穿插突破。镇内驻有一个伪军守备中队，一个由白俄人组成的铁道守备中队和数十名伪警察。7月12日拂晓，王光宇率奋勇队出敌不意地攻入镇内，将敌人分割包围。激战中，白俄守备队长带着几个队员挥刀扑向王光宇。王光宇临危不乱，闪身躲过刀锋，反手一枪，子弹穿过白俄队长的胸膛，又打进他身后另一个敌人的脑袋里。“王副军长一枪打死俩白毛！”也成了西征途中的美谈。

部队自楼山镇向珠河西进途中，几乎天天作战，断粮断炊，王光宇始终坚定地率领部队按照原定计划向五常进军。12月末，王光宇等人到达五常九十五顶子山，与抗联十军某部会合后不久，在一次遭遇战中未能突出敌围，身受重伤而壮烈牺牲，年仅二十六岁。

（本文由牡丹江市博物馆和烈士纪念馆管理处供稿）

威震广阳

文 / 陈士榘

开国上将陈士榘

陈士榘（1909—1995 年），湖北省荆门市人。1927 年参加湘赣边界秋收起义并加入中国共产党。抗日战争时期，任第一一五师三四三旅参谋长。平型关首战告捷后，陈士榘率部连续出击进犯日军，参加了广阳伏击战。在抗日战争期间，英勇善战，屡创佳绩，为抗战作出了卓越贡献。他是中国现代国防工程的奠基人。1955 年被授予上将军衔，荣获一级八一勋章、一级独立自由勋章、一级解放勋章。1988 年被授予中国人民解放军一级红星功勋荣誉章。

1937 年深秋。我八路军第一一五师三四三旅奉命由五台山南下，驰援娘子关，寻机歼敌，以配合忻口会战，保卫太原。

连续七天的行军开始了。战士们顶着寒风，踏着泥泞，在崎岖不平的道路上急速行进。由于平型关大捷，部队士气很高，一路上，“为保卫山西而战”“为保卫太原而战”“发扬平型关战斗精神”的口号声此起彼伏，在山谷里久久回荡。

日军板垣师团在平型关遭我师沉重打击后，即改变战略部署，由平型关与

雁门关之间的茹越口突破了晋北友军防线。当其到达忻口时，遭到友军和我八路军第一一五师的猛烈抗击被迟滞于忻口以北。为摆脱忻口受阻被围的处境，日军从平汉线把主力第二十师团、一〇九师团调来，由石家庄沿正太路西犯娘子关，企图突破晋东防线直下太原，以解忻口之危。我们识破了日军的诡计，决定寻找机会，给他一个沉重打击。

我们部队开往平定途中，突然听到一个消息：娘子关地区的国民党军在日军进攻时，抵抗不住，日军于10月26日占领娘子关后，沿正太路及其南侧的大道向榆次、太原进犯。据情报，日军从娘子关西进的是由川岸文三郎率领的二十师团。该师团除以主力沿平定、阳泉、寿阳县进逼榆次，直取太原外，又以一个旅团的兵力出动于正太铁路左翼，沿公路与正面部队齐头并进，另外，一〇九师团的一个大队由九龙关进逼昔阳县。为配合国民党军队保卫太原，我三四三旅奉命向昔阳县以西的沾尚镇附近进发，待机打击左翼进犯之敌。

10月30日，我旅到达正太路南之沾尚地区。此时，日军已占领了平定及其以南的白家掌一带。预计日军左翼必经沾尚、松塔向榆次开进。于是，我们决定在广阳巧设伏兵，痛击敌人。

为了选择有利地形，我们翻山越岭，进行察看。广阳地处沾尚至松塔之间，是个不到两百户人家的小村镇。附近都是南北走向的山岭，山峦重叠，沟壑纵横，有的山沟长达几十里，便于我们运动作战。从沾尚经松塔至榆次，虽有条碎石泥结公路，但由于年久失修，加上山洪暴发，沙石冲击，已经破坏得不成样子，似路非路，似河非河，不便于日军机械化运动。这里地形复杂，又有疏落的树木，便于我部队隐蔽，正是打伏击的好地方。经过一番认真勘察，各部队都找到了理想的设伏地点。山上虽然很冷，但我们的军装都被汗水湿透了，当想到这里将变为敌人的坟场，大家的心里都有说不出的高兴。

11月3日，侦察人员向我报告，日军正向广阳方向前进。于是，我们连夜进行兵力部署，将部队埋伏在广阳到松塔之间的大川里：以六八六团的一、三营为主要突击部队，进入前小寨、离村以北高地；六八五团进到狼沟北山，除以主力一部配合六八六团出击外，其余部队选好阵地，准备打击日军回头增援的兵力；我带旅部部分参谋人员随主要突击部队六八六团行动。

旅指挥所设在三营背后的山头上，电话刚架通，铃声就响了。副参谋长接过电话，轻轻地对我说：“参谋长，师长请你讲话。”我刚把听筒对准耳朵，就听到了师长林彪的声音：“陈士榘吗？你们那里布置得怎样了？”“按照原定计划，部队已进入设伏地点。”我简短地回答。“千万注意，不要暴露了目标。天气冷一点，告诉大家坚持一下，不要因小失大。”师长嘱咐说。

“是的，一定告诉部队注意隐蔽。”我接完电话，刚想转告六八六团团长李天佑同志，哪知，一抬头，我俩的目光就碰到了一起。不知什么时候，他已经来了。没等我说话，李天佑就说：“我现在就出去看一看，顺便告诉各营注意隐蔽，特别是天亮以后，更要加倍警惕，不能露一点痕迹。”

“对！我和你一起去，先看看大家的情绪怎么样，再把师首长嘱咐的话传达给大家，让部队坚持住，克服眼前的困难，打好明天这一仗。”说着，我们两人走出指挥所。

初冬的夜空，群星闪烁，寒风将山头上的树摇得呼呼作响。我们站在山头上仔细观察部队埋伏的现场，看不到一个人影和一丝亮光。夜色中，周围的大山默默地耸立在祖国的原野上，和我们一样静静地等待着敌人，等待着将日军埋葬在它的深沟大壑之中的那一刻。

我和李天佑同志走到三营阵地，警惕的哨兵悄悄问过口令后才放我们过去。

当走到离公路只有一二百米的山沟时，我们转了一圈才发现树林中的战士三三两两挤在一起，背靠着背取暖。由于天冷，谁也睡不着，有些人在小声地谈论着什么。我们怕惊扰了他们，便悄悄从树林边绕过，到了另一个山沟，又见七八个战士聚集在一起，有一个人在讲着什么，其他人都围着他，聚精会神地听着。被这情景吸引，我拖了李天佑同志一下，和他一起慢慢走近这些战士，听他们谈话的内容。原来是参加过平型关战役的同志，正给周围几个新战友讲自己打日军的经验。“不是说日军很难打吗？”一名战士问。

“这都是那些‘恐日派’造出来的。”又是那个讲故事的战士说，“他们不敢打，就说日军厉害、难打。其实日军也是人，子弹照样打得进，刺刀照样穿得过，只要勇敢地打，一定能把他们消灭掉。”

“这么说，明天我们一定能打胜了？”

“当然啦。只要隐蔽好，事先别让敌人发觉，那就保准打个大胜仗。”听到这里，我和李天佑同志暗暗为有这些信心十足、士气旺盛的战士们而高兴。

我们在阵地上走了一圈，发现各连战士都在休息待命。完全看得出来，大家对即将到来的战斗都抱着必胜的信心，这对我们这些临战前的指挥员是个极大的鼓舞。看完埋伏隐蔽的情况，我们满意地转到营指挥所，李天佑同志把师部的关怀转达给营的领导干部，又一次嘱咐大家，一定要照顾好自己的部队，好好隐蔽休息，迎接明天的激战。

夜色消散了，黎明到来了。

11月4日早晨7时，日军举着太阳旗，气势汹汹地从沾尚向松塔行进。先是侦察搜索的骑兵部队，随后是主力部队，其中有步兵、炮兵和少量装甲车。他们自从在平型关吃了苦头，比较狡猾了，行军时总是把辎重部队夹在中间，前有骑兵开路，后有步兵保护，天上还有飞机掩护。队伍缓缓行进，蛇一样向前蠕动。他们每通过一个地方，我们的观察哨就甩动帽子或摇动树枝，发来信号。到晌午时分，日军第二十师团主力四千余人大部分进入了我们的伏击区。公路上尘土飞扬，人喊马嘶。隐蔽在山头上的我军指战员目睹着这些骄横地践踏着中国土地的日本侵略军，不由怒火中烧，但为了整个战斗的胜利，只能强压下满腔怒火，耐心等待着总攻时机。我和李天佑同志都举着望远镜，不住地向敌人来路方向观察瞭望并发出信号。战士们也和我们一样，个个怀着紧张、兴奋的心情，像猎人一样静静地等待着野兽的到来。

叮铃铃、叮铃铃……

电话不断地响，师首长和旅指挥所不停地联系。

时间一分一秒地过去。大战前夕的

焦灼心情是难耐的。

终于，远方观察哨那里发来了信号：日军二十师团殿后的七十联队后卫已经离开沾尚，后面只有两个步兵连，再没有后续部队了。好，进口袋了！我们的心一下子兴奋了起来。

时间已是下午3点多钟了。太阳稍微西斜的时候，这条蛇的头部已伸到松塔镇，而它的尾巴还在广阳附近慢慢地拖着，一步一步地爬进了我们为它设下的陷阱。

咣！一声信号枪响，我英勇的六八五团、六八六团的各路伏兵从山间、林中猛虎般地杀了出来，喊杀声、机枪声、步枪声、手榴弹、迫击炮弹的爆炸声响成一片，震撼山谷。

这一突然的袭击，使日军无不惊慌失措。他们还没弄清是怎么回事，就被我军压在山沟里，欲进不成，欲逃不能，加上辎重队的骡马一乱，队伍霎时就变得七零八落，人仰马翻。有些日本兵虽然一边跑，一边射击，但也无济于事。他们总算在乱了一阵之后，才清醒过来，重新组织力量，利用山沟洼地进行抵抗。我们的战士在公路上东冲西杀，将这伙日军切成数段，分别围歼。山谷中，我们的战士和日军展开了白刃格斗，刺刀反射着落日余晖闪来闪去。日军也使出他们的招数，作垂死挣扎。可我们的战士为着民族存亡而战，一身正气，斗志昂扬，愈战愈勇，日军哪是我们的对手！

杀了一阵，我从望远镜里发现对面山脚下有少数日军逃到路北洼地，便命令随行的警卫排排长带两个班冲下去抓几个俘虏，以便今后做瓦解敌军的工作。警卫排个个配有短枪和长枪，打仗勇猛而灵活。我用望远镜目送着警卫排长带着战士冲下山去，期望他们能出色地完成这一任务。

我正在观察，忽听山脚下响起一阵激烈的枪声，从枪声中辨别出是冲锋枪和驳壳枪在响。几分钟后，枪声停止了。我想，一定是警卫排把敌人压到北面山脚下了，这回大概能抓到几个日本兵了。我集中精力朝北山脚下瞭望。不一会儿，警卫排长他们就回来了，只带回几支缴获的大盖步枪，却没有抓到一个俘虏。原来，那些日军由于受军国主义思想的毒害，一个个顽固不化，我们的战士只好将他们消灭掉。

枪声渐渐稀疏下来。经过半小时的恶战，山谷中大部分日军被消灭，但还有一些零星日军藏在石崖下企图顽抗。六八五团的战士们，一部分从正面用机枪向敌人扫射，一部分绕到土岔村和广阳村北面在敌人背后扔手榴弹，很快把这些日军从石崖下轰了出来。逃到小河边的敌人像没头苍蝇一样来回乱窜，不一会儿就被消灭了。天色不知不觉暗了下来。各营不断用电话报告胜利的消息，我们也不断将战斗进展情况向旅部和师部报告。当我们将战斗进展迅速、战果十分可观的消息报告给师部时，电话里传来了师首长喜悦的鼓励声音：

“好！我们祝愿你们的胜利！希望你们尽快地肃清残敌，将负伤的同志迅速转移下去，战利品也要马上运走，免得明天遭到日军报复。”

我还没有放下听筒，六八六团三营的通信员就来报告说，我们的部队已进入广阳镇，街内除极少数散兵负隅顽抗外，包围圈内再没有日军的踪迹了。听完报告，我和李团长当即决定将指挥所

1948 年 3 月，陈士榘（左）同陈赓在洛阳前线

1947 年 1 月，华东野战军部分指挥员合影，右起：谭震林、陈士榘、粟裕、唐亮、陈毅、邓子恢、韦国清、丁秋生、叶飞

转移到广阳镇里，以便指挥消灭最后的残敌和组织转运伤员。师部同意我们的决定，并让我们尽可能抓几个日军俘虏。

进入广阳镇，天已完全黑了。街上有两处房子还被少数日军占据着，不时传出几声枪响。我们走近时，战士们已经用手榴弹消灭了一所房子里的日军，只剩下一个日本兵藏在一所小院子里，不时向外打枪，我们不便马上进去。有人主张用手榴弹炸死他算了，我马上制止说："不能炸死，要抓活的！现在要消灭他很容易，一颗手榴弹或几粒子弹就够了。可是，上级一再要求我们最好能抓到俘虏，这就要请大家想想办法了。""对！"李天佑同志也同意我的意见。还没等大家开口，我便对李天佑同志说："我还能说几句日语，让我带上几个人去看看。"说完，我便带师侦察科科长苏静等同志去了。

那个日本兵躲藏在一所小院子里的南房的里屋。我让战士们先将小房子团团围住，然后我利用夜幕隐蔽，悄悄地移到了窗口，接着用不久前才学会的几句日语向里喊道："缴枪不杀，宽待日本俘虏。"几个战士也随我用生硬的日语喊开了。这个日本兵不但不肯出来，还向外打枪。

我们又喊了一气，那个日本兵才不向外打枪了，屋子里静得没有一点声音。为了防止他拼命往外冲，战士们端着枪紧紧地把住各个门窗。我们又向他喊了几句"缴枪不杀"，才听见他用生硬的中国话回答："明白，明白。"但等了一会儿，不见他出来，于是我们冲进屋去，原来那家伙站在老乡的粮食筐里欲动不能，挣扎无用，吓得浑身发抖，两腿打战。我知道这是不了解我们的政策所致，想给他解释解释，可除了"缴枪不杀，宽待俘虏""不要为日本军国主义卖命"等几句话以外，别的日语我们就不会说了。正当着急之时，我突然想起汉字和日文有许多字形字意是相同的，马上掏出一个笔记本，借着灯光在上面写了"你不要怕，我们是共产党领导的八路军，宽待俘虏""只要你放下武器就不伤害你"几个汉字。他看了之后，也连忙写出"理解"。我一看他不仅认识汉字，而且写得不错，心头很高兴，又写字问他是哪个部队的，叫什么名字。这回我连本子带笔一起给了他。他看看字，又抬头看看我，然后拿起笔在本子上写下"七九联队辎重兵军曹加藤幸夫"。他的汉字写得很好，看来文化程度不低。

通过笔谈，加藤幸夫供出所属部队是二十师团等情况后，我又向他交代了我军的俘虏政策，他不住地点头表示信任。这时，我告诉他，现在我要带你到师部去。他问多远，我答十公里。我们把他带到六八六团指挥所。李天佑同志一看我带了个活的日本兵来，高兴地笑着说："好啊！你到底抓了个活的回来了。你走了以后，师里打电话问你，我说你抓俘虏去了，师里还说你是个'冒失鬼'，让我告诉你注意安全。"我说："不入虎穴，焉得虎子？你不冒险，能抓到俘虏？"一句话说得大家都哈哈笑了起来。

我马上给师部打电话报告抓俘虏的经过，师首长表扬了我一番，然后和蔼地批评我这个指挥员不该太冒失，并告诉我不要难为俘虏，等一会儿就派人来把他带到师部去。我放下电话，进了里屋，看见炕上这个俘虏正大口大口地吃日本饼干和方块糖。原来这是李天佑团长让警卫员从缴获物品里拿给他的。他吃完了，便叽里呱啦地说了许多我们谁也听不懂的话，看上去他的恐惧心理已经消失了。幸好旅政治部有个宣传干事林兆星懂日语，他一见到日本兵，便用日语和他交谈起来。他用日语宣传我军宽待俘虏的政策，这下可使那俘虏的情绪更加安定了。不一会儿，师部派来人把俘虏带走了。

这次伏击，我们歼灭日军一千余人，缴获骡马七百余匹和大批军用物资。战斗结束，打扫完战场，我们部队又向松塔镇方向追击了一天。然后，我军连夜转入山区。

11月7日，我兄弟部队一二九师三八六旅，在旅长陈赓的亲自指挥下，以七六九、七七二、七七一团再次于广阳以东的大寨口、中山村、户封村等地设伏，又消灭了日军二百五十余人。

广阳两次伏击战，沉重打击了西犯的日军，有力地支援了友军作战，对保卫太原起了重要作用。

（本文由八路军太行纪念馆供稿）

水上游击建奇功

文/李　健

白洋淀

在抗日战争时期，白洋淀、文安洼和东淀苇塘，曾是一块淀洼相通的广阔水域。这块水域以其河、湖、港、汊纵横和茂密芦苇的独特地形，为我八路军和游击队健儿提供了袭击、歼灭敌人的有利战场和藏身之地，成为冀中平原抗日根据地的一个重要组成部分，为坚持敌后抗战发挥了重要作用。

一、巧设埋伏

1939年秋，赵北口的汉奸张德清带着二十多名敌军，坐着一艘汽船到新安据点。雁翎队得知这一情况后，队长陈万立即带着一部分队员埋伏在下张庄和下赵庄之间的苇塘里。这里是一条水路要道，两旁长满了茂密的芦苇和沟草。他们把船只巧妙地隐蔽好，然后一个个跃入水中，嘴里含着一根空心苇管换气，把双眼露出水面观察敌情。

下午3点多钟，敌人的汽船从新安回来了，船头架着一挺歪把机枪，日伪军坐在船板上毫无戒备。汽船进入我埋伏圈时，陈队长一声令下，雁翎队四条大抬杆同时点火，只见四条火龙一起扑向敌船，打得敌船转开了圈儿。此时，队员江义、孙占刚、孙革等也一齐向敌船开火，顿时，船上的敌人有的中弹落水，有的跳水逃命。这时埋伏在芦苇中的队员们立即架着小船追杀上去，很快将逃敌抓获。这次战斗，除一名日军逃跑外，其余全部被歼，其中还生俘两个日军，缴获了二十多支步枪、一挺轻机枪、四箱子弹，我军无一伤亡。

雁翎队首战告捷，大大鼓舞了队员们的杀敌勇气，激发了人民群众的抗战热情。当时驻新安的日军头目龟本听到这一战况后，大吃一惊，不知我雁翎队用的是什么武器，说："扫帚炮的厉害，大大的厉害！"

二、痛击日军巡逻

1941年3月，驻新安日军调集了一百三十多艘汽船配合步兵和骑兵，对白洋淀进行了水陆联合大"扫荡"。敌人巡逻队的汽船昼夜在淀上横冲直撞，所到之处，房屋被烧，船裂网破，许多群众被杀害。敌人企图彻底摧毁我白洋淀抗日根据地，血债定要血来偿！战斗在白洋淀地区的我三区小队和雁翎队，在冀中军区第三十四区队支援下，采取机动灵活的战术，不断给"扫荡"之敌以狠狠打击。

5月的一天，侦察员赵波、田振江报告：二十多个日军和三十多个伪军，乘两只巡逻艇到赵北口去了，估计下午返回。三小队和雁翎队研究决定，选择有利地形，在敌汽艇返回时打掉它。埋伏地点选择在大张庄和王家寨之间的芦苇丛中。大张庄苇塘，在大清河道一侧，是敌汽艇返回的必经之路。这里芦苇茂密，河汊纵横，既可隐蔽，又可出击。队员们化装成渔民，有的划着小船，有的驾着鹰排，三三两两悄悄钻进了大张庄苇塘。

果然，下午3点多钟，敌人的汽艇返回来了。当汽艇进入我射程之内时，三小队队长郑少臣瞄准掌舵的日军，砰的一声，那个日军一头栽倒在舵轮旁。紧接着，二十多支大抬杆、排子枪，同时射击，毙伤二十多名敌人，日军小队长松下太郎也被当场打死。不多时，后边开来了一只敌救援船，船头上两挺机枪吼叫着，子弹像雨点似的飞过来。郑少臣忙指挥队员们把小船开进苇塘蹬翻，把枪沉到淀底，然后每人顶着一张荷叶，踩着水游进苇塘深处，安全撤到了泥李庄。

疯狂而又愚蠢的敌人，还以为我雁翎队和三小队藏在苇塘里，所以调集了新安、赵北口百十来只船，对苇塘进行大搜查，结果什么也没找到，日军头目龟本奇怪地说："难道这些八路入地了？"

三、智取敌仓库

日军在对白洋淀实行水陆联合"扫荡"的同时，还进行了严密的经济封锁。他们通过赵北口伪合作社，把火柴、食盐等生活必需品全部控制起来，给白洋淀人民生活造成了极大的困难。因此，我三区区委决定，一定要拿掉赵北口伪合作社，把敌人囤积的食盐、火柴等物品搞到手，解决白洋淀人民生活急需。这个任务交给了三区小队。这时，根据冀中区党委的指示，雁翎队与三区小队已合编成立了新的三区小队，共十五人，队长郑少臣，指导员魏泽民。全队人人都有一身惊人的好水性和好枪法，战斗力很强。三小队接受任务后当即乘夜出击。

这天晚上，天黑得伸手不见五指。在队长郑少臣的指挥下，三小队飞速前进，很快就接近了赵北口。郑少臣命令李向其带一部分人封锁徐家桥，他亲自带一个班到伪合作社主任家敲门。伪合作社主任一看是三区小队，顿时吓得浑身像筛糠一样直打哆嗦。郑少臣忙对他说："不用怕，你只要把仓库的钥匙交出来就没事。"他颤抖着说："好，好，我交！"就这样，没费一枪一弹，就把仓库的门全打开了。队员和群众一起抬的抬，扛的扛，把仓库的东西全部运回驻地，分给了白洋淀的人民群众。

作战中的雁翎队

四、宁死不屈

1942年5月，为指导和支援文安洼的反"扫荡"斗争，冀中第八军分区司令员常德善、政治委员王远音和中共冀中第八地委书记罗玉川等率领机关和部队，从冀中腹地到达文安洼。7月1日，敌人调集了文新、大城、永清、武清等县日伪军一万三千多人，并动用飞机、汽艇对文安洼进行了大"扫荡"。在敌人到来之前，我党政机关和主力部队已转移到外线，在文安洼只留下县大队副大队长刘仲三带领的一个班和部分地方干部坚持斗争。同志们利用广阔的大洼水面，白天把小船藏在水草里，他们头顶水草，全身浸泡在水里隐蔽。夜晚爬上船监视敌人，有时还瞅准机会向小股敌人出击，或吸引敌人在大洼上周旋。饿了就捞鱼虾充饥，渴了就喝洼水。就这样，他们坚持了三天三夜后安全撤出，使敌人的"扫荡"扑了空。

敌人"扫荡"扑空后，又采取"强化治安"等手段，对文安洼人民进行残酷镇压。7月中旬，日军侵占叩岗，把群众赶到一个大场上，用枪逼他们说出谁是共产党、八路军，大家谁也不讲。日军就将四十二名群众关进一间屋子里放毒气，二十多人当场被毒死，但始终没有一个人说出我共产党、八路军的秘密。还有一次，由于叛徒出卖，二区小队队长王金辉被捕。敌人把他吊在树上用鞭子抽打，用火烧烤皮肉，王金辉坚贞不屈，就义时还高呼"共产党万岁"、"中华民族解放万岁"。在敌人残酷的烧杀抢掠面前，文安洼军民在党的领导下，不畏强暴，不怕牺牲，始终坚持斗争。

留在文安洼各村的干部、共产党员和游击队员隐蔽在群众之中，秘密组织群众埋藏粮食，破坏敌人的抢粮计划，破袭敌人公路，袭击敌人岗楼，枪杀汉奸特务。跳出敌人包围圈的县大队，化装成渔民或商船，在大清河上，连续袭击来往于天津、保定的敌包运船队。文安洼军民经过英勇斗争，终于粉碎了敌人的"扫荡"。

五、全歼敌人河防队

1943年秋，白洋淀水面清清，苇花飘扬，鱼虾漫游，野鸭飞翔。这是淀上最美丽的季节，也是水上游击健儿活动的大好时光。日军当时正在对我北岳区进行秋季大"扫荡"，一方面不断从冀中抽调兵力进山，一方面利用大清河、白洋淀等水上运输线，不断从天津运送军用物资到保定，支援对北岳区的“扫荡”。这时，我冀中九分区命令各级武装，广泛开展游击战，尽量拖住冀中敌人进山“扫荡”，同时指示战斗在白洋淀上的三小队，要广泛出击，狠狠打击敌人水上包运船队。

正在这时，三小队获悉敌人满载着军用物资的包运船一百一十只，正停在赵北口准备开往保定，于是，他们立即决定袭击这支船队。

为了打好这次伏击，他们首先派侦察员赵波到赵北口侦查。同志们听说赵波去侦察，开始都替他担心。因为赵北口驻有一个日军中队和两个伪军中队，戒备森严。特别是敌人在城门上还贴了捉拿赵波的布告，上边画着他的像。但是，共产党员赵波，为了抗日救国，不畏艰险，愉快地接受了任务。他化装成农民，通过在赵北口当差役的李四卯进入了赵北口码头。他以装卸工身份作为掩护，夹杂在装船卸船的人群中，一会儿到这个船上看看，一会儿又到那个船上瞧瞧，仅用四天时间，就把码头的情况摸了个一清二楚。押船的是敌人的河防队，共有一百二十人，其中日军十七人，头目是日军小队长部十加三郎和伪军大队长秦凤祥。

根据侦察的情况，三小队决定在王家寨东边横捻苇塘伏击敌人。具体部署是：一排打第一只船，二排打第二只船，三排打第三只船；另外抽出张大德、张亮、张牛、李向其等人组成突击组，任务是排子枪打过后，及时乘小船冲上去消灭敌人，把第一只船上的机枪夺过来。

9月14日黎明，天空晴朗，水面上一层薄薄的雾气，随着阵阵微风散去，淀洼里，苇塘里，无一船只航行，显得格外宁静。就在这时，三小队驾着鸭嘴小船悄悄地进入设伏点，然后又个个头顶荷叶，身披水草，脖子上挂着手榴弹进入阵地，在没膝的水里密切地注视着敌人。约7时，敌船过来了。前头是货船，押运的敌人都坐在最后三只大船上，在几丈高的桅杆上还吊了个箩筐，一个瘦猴似的伪军坐在筐里，拿着望远镜不停地向四周苇塘观察。郑队长叮嘱大家：“放过货船，集中火力对付后面的三只押运船。”过了半个来钟头，一百多只货船过去了，三只押运船接近了苇塘。这时敌人正在吃早饭，大部分都站在船舱里，只有少数敌人在船面上，戒备也不严。当敌人乘的第一只船刚一转弯时，队长郑少臣对准坐在箩筐里放哨的伪军叭的一枪，将他打了下来。紧接着伏在苇塘里的队员们一齐开枪射击，敌人一下子就被打蒙了。我突击组乘机勇猛地冲上第一只船，只几分钟，就将船上的敌人全部解决了。在这同时，王贵、张亮和李向其也迅速带领一部分队员拦腰阻击，收拾第二只船上的敌人。我军队员跳下船，一连挑死了几个敌人，船上的一个大个子伪军举着手缴了枪，其余的伪军紧跟着也都缴了枪。事后才知道，这个大个子伪军就是伪河防大队大队长秦凤祥。正当三排向第三只船冲击时，船上的敌人架起重机枪开始扫射，三排攻击受阻，队员邱志科、李克木和李学千中弹牺牲。郑队长当即命令史文刚在第二只船上架起机枪，猛烈向第三只船射击。苇塘中的王贵也把枪口对准第三只船，张亮一手抓住船帮，一手抽出手榴弹朝敌船投去，敌人的重机枪被打成哑巴了。

船上的敌人龟缩在船舱里不敢露头。正在这个当口，我军十多名队员嘴叼大刀，一个猛子扎入水底，潜游到敌船跟前时，又从水底一跃而起冲上敌船，一阵挥刀猛砍，敌人顿时死伤一片，重机枪也被我队员夺了过来。两个日军端着刺刀扑过来，赵波左右开弓，叭叭两枪，结束了他俩的性命。剩下的敌人，有的举手投降，有的钻进被子里，抖作一团，有的跳水想逃跑，被我队员一个个抓了上来。最后，队员张大清在炉灶旁发现一个鼓鼓的麻袋，踢了一脚，麻袋竟颤抖起来。他抓住麻袋使劲一抖，跌出一个满脸络腮胡的日军来，原来这家伙就是凶残的日军小队长部十加三郎。

这次伏击战，仅用半个多小时就胜利结束，敌河防大队一百三十多个日伪军全部被歼，缴获步枪一百多支、轻重机枪各一挺和大批其他军用物资，有力地支援了北岳区反“扫荡”斗争。太阳升高了，照着万顷金黄的芦苇，照着队员们喜气洋洋的笑脸。他们押着一百多只包运船，浩浩荡荡地凯旋。战后，冀中第九军分区通报嘉奖了三小队全体指战员，赵波被评为“抗日战斗英雄”。

三小队机智勇敢地开展水上游击战，不断打击敌人，有力地保卫了白洋淀水上抗日根据地，人民群众热情称赞他们：

白洋淀上好武装，日日夜夜保家乡，
东边打来西边转，岸上不行蹲水塘；
驾着渔船快如梭，鬼子汽船赶不上，
急得鬼子团团转，小船又回老地方；
瞅准机会打伏击，揍他一个冷不防，
鬼子碰上吓破胆，人仰船翻缴了枪。

（本文由八路军太行纪念馆供稿，因篇幅所限，略有删节）

东北三宝乌拉草

文/赵　肃

东北有三宝：貂皮、鹿茸、乌拉草。东北地大物博，物产丰富。但在我们到达东北前，对这些都是一无所知。

乌拉草

离开庄河，上级派来了日本产的军用卡车，部队乘坐卡车向凤城进发。每辆卡车上都站满了战士，几十辆卡车浩浩荡荡，在大路上掀起滚滚尘土。八路军也有了机械化，这可是第一次。许多战士是第一次坐汽车，大家既新鲜又高兴。我坐在车上，感触更深。想起以前坐上汽车是去做奴隶，是去给日本人做牛马；今天坐上汽车是在当主人，是去解放被奴役的劳苦大众。这就是发生在我自己身上的变化。

汽车沿着崎岖的环山公路吃力地爬行，山高路陡，非常险峻。汽车又破旧，经常抛锚。一百多公里的山路，整整走了大半天。这段路程非常辛苦，虽然是乘汽车，可是车少人多，战士们只能站在汽车上。山路坎坷不平，汽车在行驶中颠簸摇晃得很厉害，在车上根本站不住。大家只好相互拉着抱着，挤做一团。还有装备和物资，卡车上非常拥挤，有时候挤得喘不过气来。时间一长，站得脚麻了。天气很冷，站一会儿脚就冻僵了。大家坚持着，战士们都说，坐车比走路累得多了。这一段路程，给我们留下了深刻的记忆。

这时候的辽南地区，已经被共产党控制，有些地方建立了我党的政权。我们一

路没有遇到敌情，十分顺利地到达了凤凰城。

车队驶进县城，县长热情地设宴招待部队官兵。知道县长请客，大家别提多高兴了，都想美美地吃上一顿，好好解解馋。没想到只是普通的家常便饭，战士们很失望，有的甚至发起了牢骚。我和几个战士还拿走了桌上的酒杯。我们初来乍到不了解情况，以为东北很富裕。其实，这里的老百姓日子过得很苦，与山东的老解放区根本没法比。后来想想，那个时候县长能请部队吃饭，已经是很不容易的事了。

离开凤城，部队开始徒步行军，一直走到宽甸、永甸一带，驻扎在农村。

这一带比较偏僻，我们的部队没有到过，也没有我党的组织和政权，属于新区。当地的老百姓不了解八路军，连国民党军队都没见过。他们在日本军队统治下度过了十四年的亡国奴生活，看到的军队除了日本人、汉奸、伪军，就是土匪。见了当兵的赶快躲，早就成了当地老百姓的习惯。对于我们的到来，他们态度冷漠，甚至躲着部队。

来到这里以后，每天都吃高粱米、酸菜、粉条，开始很不习惯，总觉得吃不饱，没吃几天，许多战士就反胃吐酸水。每次开饭的时候，遇到锅巴，大家都抢着吃。看到这里的老百姓生活很苦，大家才打消了东北条件好的幻想。

初到东北，很多东西都让我们感到新鲜。

这里的大炕大得惊人，一个铺炕可以睡一个班；

这里的老百姓许多都说山东话，我们感到很亲切，也知道关于闯关东的故事；

……

部队针对进入新区的情况，要求指战员们深入群众做宣传工作，向老乡们介绍山东革命根据地的情况，群众如何翻身解放，过上好日子……介绍共产党、八路军，介绍部队来东北是要解除日本军队的武装，肃清土匪。

我们进村后就帮老乡担水、劈木柴、扫院子……这些看似小事的举动，深深打动了老乡们。在他们的眼里，当兵的就是欺压百姓的，抢东西、打骂百姓是常事。现在，遇到帮老乡干活做事的军队，人们都是第一次见。凡是我们部队的驻地，一进村就能认出来，街道打扫得特别干净。

乡亲们的态度很快就转变了，他们不再害怕，还主动和部队接触。得知我们是从山东开过来的，许多人来打听家乡的情况。

一天，我们班的房东和我们聊天，他问道："俺们老家是莱阳水沟头的，你们知不知道那里现在咋样了？"战士们一听都哈哈大笑起来，把房东给笑傻了。我赶快说："大叔，我们部队就驻在水沟头，你真是找对人了。"

房东一脸惊喜地说："真的，这可是太巧了。"他马上回屋带着全家来到我们班，让战士们讲讲家乡的事情。战士们你一句他一句地讲起山东解放区的变化。从土改、分田、分浮财，到建立人民政权；从水沟头满街都是莱阳梨，到军民齐修河堤……

我们班有两名新战士，就是从水沟头参军的，他们和房东拉起了老乡关系。老乡见老乡，感情一下子就拉近了。

当群众知道我们要继续北上打仗，纷纷告诉战士们："你们往北走，必须

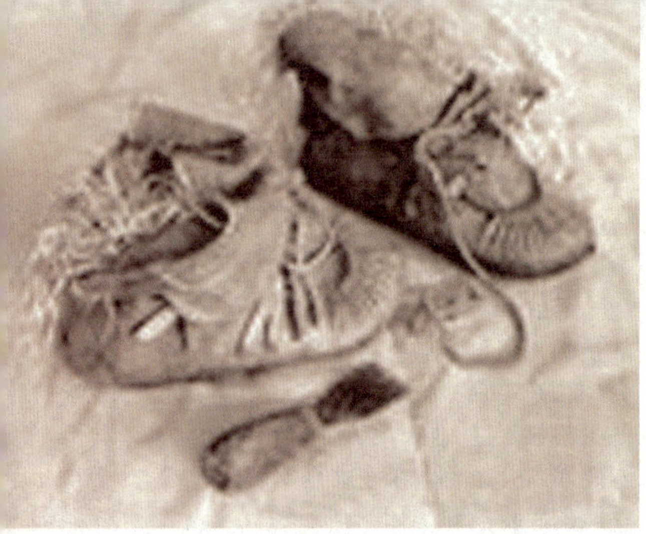

用乌拉草做成的军鞋

穿乌拉鞋，天气这么冷，不然会冻坏脚的。”

什么是乌拉鞋？所有的干部战士都是第一次听说。经老乡们介绍，我们才知道是用乌拉草制成的一种防寒土皮鞋。这个消息很快在部队当中传开了，这正是部队急需的御寒装备。

乌拉草是生长在东北的一种草本植物，有点像麻。叶子是扁三棱形，细长柔软，纤维坚韧，不易折断，具有很好的保暖效果。老乡们用木槌反复揉搓、捶打，将硬的乌拉草搓得柔软后，再铺到鞋里面。以前东北人用皮革缝制，用皮做帮底，布做鞋靿，内铺搓软的乌拉草，就做成了防寒鞋，是北方老乡们心爱的“草履”。“乌拉”是满语“皮靴”的意思，“乌拉鞋”就是东北人冬天穿的“土皮鞋”。

老乡们告诉我们，每天晚上要把乌拉草拿出来烘干，第二天再絮在鞋里。穿的时候，要让乌拉草把脚包严，最好再裹上布。这种鞋不需要笨重的鞋底，非常轻便。穿上乌拉鞋在雪地里站岗，几个小时都不会觉得脚冷。

房东们手把手地教大家怎么扎乌拉鞋，怎么捶打乌拉草，怎么絮乌拉草。

我们走了一路，大家学了一路，慢慢掌握了方法，乌拉鞋很快在部队推广开来。开始是中队统一派人去购买，然后发给战士们。后来成了支队首长亲自关心的事情，部队统一采购，作为正式装备配发给各个中队。乌拉鞋既保暖又轻快，凡是穿上乌拉鞋的战士，都避免了冻伤；而没有穿的战士，有的就因为脚部冻伤而截肢。

乌拉鞋解决了部队冬季行军作战的大问题，每个战士都学会了乌拉鞋的穿着方法。在整个冬天，我们行军到达每一个村子，第一件事情就是购买乌拉草。乌拉草是东北人冬天出门的必需品，当地老百姓家家都有。晚上睡觉前，先要把鞋里的乌拉草拿出来烘干，再添上新的，这好像成了我们的生活内容。也就是这些小小的乌拉草，让我们的双脚度过了东北的严冬。

我们在宽甸只停留了几天，通过我们的行动，让当地的老百姓知道了共产党，了解了八路军。告别了房东，告别了老乡们，我们继续向北挺进……

（本文选自铁血社区）

一个失散红军和一个藏族家庭

文/赵宝云

在艰苦卓绝的长征中，由于红军远离后方根据地行军作战，部队缺乏基本的后方医疗条件等原因，致使部分红军指战员或因作战负重伤，或因途中患重病，被迫留在群众家中治病养伤，他们不得不离开了部队，成为未走完长征路程，没有最终胜利到达陕北的失散红军。然而，这些失散在长征沿路的红军指战员并没有失去英雄志向以及一颗爱民心，在长征沿路谱写出了许多动人的故事。

一

红二、红六军团渡过金沙江后，沿着玉龙大雪山西麓、金沙江东岸继续北上。这一带属青藏高原，山高路险，人烟稀少，满目荒凉，粮食奇缺。第五师十三团在百里难见人和村的山中艰难地走了一个多月后，部队的粮食已所剩无几。为解决粮食问题，团党委决定各连队以班为单位分散筹粮。1936年6月的一天，二十七岁的五连战士李福祥和两位战友一起出去筹粮，他们在毗邻西藏的四川省西部巴塘县境内崎岖的山路上跋涉了整整一天，才好不容易找到一户藏族同胞人家，买下十斤青稞后返回部队。谁知在路上，遭遇一股专门袭击筹粮红军的土匪，两名战友不幸中弹牺牲，李福祥左臂也中了一枪。在打死三名土匪后，李福祥的子弹已经打光，土匪仗着人多向他包围上来，李福祥只好沿着陡峭的山路朝山上撤，不慎一脚踩空摔下山去。

等到李福祥醒来时，发现两位面容和善的藏族阿爹阿妈正护理着自己。藏族阿爹说他叫卓西，四处讨了些治跌伤的藏药，正给他敷着呢。

两天前的早晨，卓西上山采药，在山崖下发现浑身是血的李福祥。从李福祥身着的衣服上，卓西断定这是一位红军，他急忙跑过去把李福祥抱起来，摸摸嘴，还有热气。尽管国民党政府及当地藏

红军中的藏族小战士

族反动土司曾威胁藏族群众说，凡资助红军及收养红军伤病员者，都要以私通红军论罪，要被杀头。但是，卓西从见过红军的藏族同胞那里早已得知，红军是为穷人打天下的队伍，与藏族穷苦群众是一家人。于是他毫不犹豫地把李福祥背回了自己的家。

听完卓西老人的话，李福祥流着泪说："老人家，没有你冒着犯私藏红军罪的危险把我背回来，我的命早就没了，等我跟队伍打完仗一定回来报答你的救命之恩。"此时此刻李福祥多么急切地盼望着早早归队啊！卓西老人坦诚地告诉他："红军两天前就走了，你又伤得这么重，怎么能赶上部队呢？我看你还是先安心在我家好好养伤，伤好了再想办法找部队。"

看看自己的伤情，想想自己与部队从此失去联系，李福祥一下子急得痛哭起来。在两位老人的一再劝慰下，李福祥只好在卓西家住下养伤。

一晃两个月过去了，李福祥的伤在卓西老人的精心治疗下渐渐好了。卓西老人知道李福祥还想找红军以便归队，就不断出去帮助他打听红军的消息。可以想象，在当时国民党反动派到处搜捕红军伤病员的情况下，卓西只能暗中在十分有限的范围内打听消息，因此要想找到有关红军部队的消息谈何容易。

无奈的是，他一直没有打听到红军的消息。一天晚上卓西老人对李福祥说："福祥，红军已联系不上，你在这儿又没有什么亲人，就留在我家吧。"说着卓西把自己的儿子道吉叫过来，"从今天起，福祥就是你大哥，咱们以后就是一家人了。"面对自己与部队已失去联系两个多月的现实，想想是卓西老人冒着生命危险把自己背回家来才捡了条命，又亲身体验了两个多月来卓西一家对自己无微不至的精心护理，李福祥感激地对卓西老人说："你就是我的阿爸！"说着他跪下向卓西老人一拜，又分别拜认了阿妈

和弟弟。从此李福祥就成为这个藏族家庭的一名成员。

二

光阴似箭，转眼到了翌年春天。春天是播种希望的季节，也是当地藏族群众最忙碌的季节，李福祥与卓西一家人白天忙碌地平整土地，准备春播。晚上闲下来后，李福祥常想：等帮卓西家种上庄稼春播结束后，那时候外出上路也比较方便了，我再出去到更远的地方试着寻找部队，以便尽早归队。令他意想不到的是，一场灾难正悄悄向卓西家走来。在繁重劳动之余，李福祥发现卓西老人近来经常不停地咳嗽。一天晚上李福祥又被一阵剧烈的咳嗽声惊醒，他急忙披上衣服来到卓西老人身边，只见老人脸色潮红，咳得上气不接下气。卓西老人见李福祥来了，握着他的手用嘶哑的声音说："祥儿，我可能不行了，我要是死了，这个家就托给你了……"话没说完卓西老人又剧烈地咳嗽起来。李福祥像亲儿子一样安慰老人说："阿爸，地里的活，你就不用管了，你安心养病吧，你的病会好的！"卓西老人微微睁开眼睛，深情地注视着李福祥，欣慰地笑了笑。突然，他松开李福祥的手，竟这样与世长辞了。卓西老人的病逝使与卓西相依为命的老伴身心受到难以承受的打击，不到半个月身心憔悴的阿妈也病逝了。李福祥在乡亲们的帮助下，按照藏族风俗习惯料理了卓西夫妇的后事。

卓西夫妇在不到半个月内先后病逝，留下未成年的道吉。若这时候李福祥按照他年初的计划出去寻找部队，这个藏族同胞家就可能垮了。想到这里李福祥又勇敢地挑起这个藏族家庭的生产生活重担。此后李福祥与道吉相依为命，三年后他们还清了料理老人后事所欠的债，他还给道吉娶了媳妇成了家，很快道吉又有了孩子，卓西家有了第三代人，李福祥又与卓西家第三代人在一起和睦地生活。

正在这时，一场大瘟疫席卷四川省巴塘县境内，李福祥、道吉一家人全病倒了，李福祥一连七八天高烧不退、神志不清。当李福祥好不容易从死神手里挣脱出来时，发现道吉夫妇已被瘟疫夺去年轻的生命，只剩下道吉不满周岁的女儿。

面对突如其来的厄运，李福祥决心用自己诚挚的爱，再一次使这个藏族家庭起死回生。李福祥为此倾注了全部心血，他按照藏族习惯，给道吉的女儿取名叫"志玛"。年复一年，日复一日，李福祥一把屎一把尿地把志玛拉扯大，直到志玛成家并生了个儿子叫高松。在高松很小的时候，志玛又在一次流感中不幸死去，志玛的男人因生活所困撇下儿子高松远走他乡。已经上了年纪、含辛茹苦了大半辈子的李福祥又义无反顾地挑起抚养卓西家第四代人的担子。为了这个藏族同胞家庭的生存，李福祥一次次被迫搁浅了寻找部队的计划。

三

党的十一届三中全会后，党和政府对革命战争年代曾为革命作出贡献的各类人员分别落实相关政策，给予一定待遇，李福祥在与卓西一家四代人苦熬了近半个世纪后，生活也发生了转机。1980 年四川省甘孜藏族自治州巴塘县党政领导，了解到李福祥曲折坎坷的经历后，深深被他的精神所打动，决定把年已七十一岁的古稀老人李福祥接到县城供养，并发给一定生活费。令李福祥感动万分的是，他是享受着长征中失散红军的待遇，他的晚年又与红军以及长征联系在一起。所以，当县领导征求他有何要求时，李福祥沉思片刻后提出两点要求：一是他住到县城后要继续抚养高松，直到高松能独立生活；二是他要求看守该县红军山下的烈士陵园，以此弥补自己当年未能如愿走完长征路的终生遗憾。言为心声，李福祥在经历了近半个世纪的各种磨难后，他爱人民、爱藏族同胞卓西一家人的想法丝毫没有变；在不幸离开长征部队的近半个世纪中，他爱红军、向往回归人民军队的愿望也丝毫没有变。

失散红军李福祥以自己的实际行动向人们证明，失散红军战士同走完长征路的红军战士一样是“英雄好汉”，他们是经历任何生活磨难都压不倒的英雄好汉；失散红军战士同走完长征路的红军战士一样是“宣传队”，他们以自己无私的情怀和为各族人民群众默默奉献爱心的实际行动，践行了人民军队全心全意为人民服务的宗旨；失散红军战士同走完长征路的红军战士一样是“播种机”，他们在长征沿线播下了革命种子，也为中国革命作出了一份贡献。

（本文选自《解放军报》）

图书在版编目（CIP）数据

红色记忆·第1辑·9/海南省文化交流促进会编.
—海口：南海出版公司，2011.12（2025.1重印）
ISBN 978-7-5442-5637-7

Ⅰ.①红… Ⅱ.①海… Ⅲ.①革命传统教育—中国—青年读物②革命传统教育—中国—少年读物 Ⅳ.①D642-49

中国版本图书馆CIP数据核字（2011）第248172号

HONGSE JIYI·DI 1 JI·9

红色记忆·第1辑·9

作　　者　海南省文化交流促进会
总 策 划　刘　栋
主　　编　王晓建
执行总编　张　桐　张爱国
责任编辑　聂　敏
封面设计　郑广明
排版印务　冉苗俊
发行总监　杨成春
出版发行　南海出版公司　电话：（0898）66568508　66568511
社　　址　海南省海口市海秀中路51号星华大厦五楼　邮编：570206
电子信箱　nhpublishing@163.com
经　　销　新华书店
印　　刷　天津睿意佳彩印刷有限公司
开　　本　787毫米×1092毫米　1/16
印　　张　6.5
字　　数　100千字
版　　次　2011年12月第1版　2025年1月第2次印刷
书　　号　ISBN 978-7-5442-5637-7
定　　价　39.80元